中国大连高级经理学院学术著作出版资助项目
中国企业领导力系列研究课题成果

ZUZHIGONGPINGYUANGONGJIANYAN
YUGONGZUOCHANCHUDEGUANXIYANJIU

组织公平、员工建言与工作产出的关系研究

——传统性的调节作用

于 米◎著

中国经济出版社
CHINA ECONOMIC PUBLISHING HOUSE
·北 京·

图书在版编目（CIP）数据

组织公平、员工建言与工作产出的关系研究：传统性的调节作用 / 于米著．--北京：中国经济出版社，2023．2

ISBN 978-7-5136-7225-2

Ⅰ．①组… Ⅱ．①于… Ⅲ．①企业管理-人事管理-研究-中国 Ⅳ．①F279．23

中国国家版本馆 CIP 数据核字（2023）第 017301 号

责任编辑　王西琨
责任印制　马小宾
封面设计　任燕飞装帧设计工作室

出版发行　中国经济出版社
印 刷 者　北京富泰印刷有限责任公司
经 销 者　各地新华书店
开　　本　710mm×1000mm　1/16
印　　张　12．5
字　　数　200 千字
版　　次　2023 年 2 月第 1 版
印　　次　2023 年 2 月第 1 次
定　　价　78．00 元
广告经营许可证　京西工商广字第 8179 号

中国经济出版社　**网址** www．economyph．com　**社址** 北京市东城区安定门外大街 58 号　**邮编** 100011
本版图书如存在印装质量问题，请与本社销售中心联系调换（联系电话：010-57512564）

前　言

员工与组织关系的三大目标是组织公平（organizational justice）、建言与效率产出（Budd，2004）。效率产出作为衡量效率的结果变量，近年来得到了国内外学者的广泛关注。目前人们对工作产出（work outcomes）的研究现状为主要集中于研究工作产出的前因变量，研究可分为三个层面，即个人层面、领导层面及组织层面。其中对于组织公平及建言对工作产出的影响，尚缺乏系统的理论分析与实证研究。

组织公平感知及其三个维度，即分配公平、程序公平、互动公平与工作产出之间的关系，在以往的研究中得到了关注，包括组织公平对员工满意度、组织承诺（commitment to organization）等的影响，但大多停留在组织公平对工作产出变量的直接影响上，缺少对缓冲模型即中介变量的探索；同时，对于三个维度各自发挥的作用及区别尚缺少理论分析与实证检验；而对于员工建言（employee voice）概念本身的界定，混淆了建言感知与建言行为，缺少对二者的界定与区分；此外，以往的研究多集中于影响建言的因素，较少关注建言作为前因变量及中介变量所发挥的作用。有研究证明，组织公平感知会促进建言，建言可以作为组织公平与工作产出之间的桥梁，发挥中介作用，进而构建本书的理论模型。

对于三者关系的探讨多基于西方社会交换理论，缺少在中国本土文化价值观下的检验。以往学者指出，中国特殊的文化背景与环境会影响社会交换理论的文化普适性，应在本土化环境中检验变量关系的边界条件。因此，探讨中国传统文化价值观对组织公平、员工建言及工作产出三者关系的影响具有重要的理论与现实意义。

因此，针对以上问题，为了探索组织公平、员工建言与工作产出之间的关系，本书在相关文献与相关理论的研究基础上，从组织公平出发，探讨其对员工产出的影响，并将员工建言作为衔接二者关系的纽带。通过探索性研究证实了组织公平、员工建言和工作产出三者之间的影响关系。同时，基于文献与受访对象提供的数据分析，将传统性作为影响组织公平、员工建言与工作产出三者之间关系的调节变量，对其进行假设检验。

本书利用回归方程等手段对876份有效问卷进行数据分析，结果表明：①组织公平及其维度对工作产出具有正向影响；②组织公平及其维度对员工建言具有正向影响；③员工建言及其维度对工作产出具有正向影响；④员工建言在组织公平与工作产出之间起到了中介作用；⑤传统性越高的员工，组织公平对工作产出的影响程度越低；⑥传统性越高的员工，组织公平对员工建言的影响程度越低；⑦传统性越高的员工，员工建言对其工作产出的影响程度越低。

本书的结论如下：①员工的组织公平感知不仅对其建言产生直接的正向影响，而且能够通过建言对员工工作成果产生间接的正向影响，即建言能揭示组织公平对工作产出影响关系的机理，本书提出的理论模型成立；②组织公平的三个维度、员工建言的两个维度对工作产出各维度的影响具有差异；③组织公平、员工建言与工作产出三者之间的关系受中国传统文化价值观的调节。

本书的理论意义体现在：探索了组织公平、员工建言与工作产出之间的关系，构建了三者的理论模型；探讨了组织公平通过员工建言对工作产出的作用机制，丰富了有关建言的理论研究；发现了组织公平与工作产出、组织公平与建言、建言与工作产出之间关系的边界条件，即传统性。本书的现实意义体现在：分别从员工的组织公平三种感知出发，探究它们对建言及工作产出的不同影响，管理者应有区别地对待组织公平氛围的塑造；对于建言，在建言行为之外考虑了建言机会与效果感知，并进行了区分，对此，管理者要注意员工是否感知到了建言机会，并决定是否采纳员工建言；重视文化传统性的调节作用，针对不同特质的员工采取不同的激励措施，促进员工与组织之间的关系。

目 录

第1章　绪　论

1.1　选题背景

员工与组织关系问题是现代社会的一个重要方面，这一关系的性质决定着个人的生活质量、经济的运行、民主的生命力及对人权尊重的程度。所以，在现代社会中建立雇员—雇主关系的社会目标是非常重要的。经济的繁荣要求雇佣关系能够创造生产力，但是经济效益不能作为雇佣关系的唯一标准。工作不只是经济交易，对人的生命和尊严的尊重要求把员工得到平等的待遇也作为雇佣关系的一个基本标准。另外，无论是对于人的尊严还是对于民主，自决权是很重要的，这就要求雇员对关系到他们生活的决策具有发言权和参与权。简言之，员工与组织关系的目标是平衡效率、公平与发言权。John W. Budd（2004）在其著作《人性化的雇佣关系——效率、公平与发言权之间的平衡》中首次提出了整合性的概念框架，将组织公平、建言和效率产出作为劳动关系的三大目标放在同一个研究框架下进行分析。劳动关系、人力资源管理及组织行为等学科以往对组织公平和建言进行了相关研究，但是将三者放在同一框架下进行实证分析的不多见。尽管如此，对员工与组织关系三大目标的平衡及组织公平、建言与效率产出三者之间的关系研究已经受到管理学界的广泛关注。

对于效率，在大多数人力资源与组织行为的相关文献中，将员工绩效和其他态度或情感认知变量合并在一起称为员工产出，包括员工绩效、组织承诺、主管承诺、满意度、离职倾向、组织公民行为等（Kanika，2007；Corine et al.，2011；Zhang & Naresh，2009）。目前的研究多集中于研究工作产出某一变量或某些变量的影响因素，包括个人与组织层面的态度与行为因素，如组织公平感知、组织支持感等，但较少关注员工建言对工作产出的影响。

“员工建言”这一用语近年来在人力资源管理领域中的使用越来越广泛。即使在小型组织中，如东波士顿储蓄银行也发展了正式与非正式的项目，以确保管理者了解员工关心的问题；同时，员工也明确地知道管理者会倾听他们关心的问题。在较为大型的组织中，如敦豪快递公司则设立了多种项目以保证提供给员工发表看法的机会，并培训管理者回应员工提出的意见（Hirschman，2008）。通常情况下，员工的建言能够促进工作的持续改进（Ashford et al.，1998）；同时，员工的建设性意见往往也是组织创新的开始（LePine & Van Dyne，1998）；另外，员工建言对于工作流程的更新和错误的改进与纠正具有积极的促进作用（Zhou & George，2001）。正是基于此，许多学者开始从心理学、组织行为学等角度来解读并研究这种组织现象，发现组织公平感、员工满意度、组织文化等因素对员工的建言起着决定性作用（Rusbult et al.，1988；Withey & Cooper，1989；LePine & Van Dyne，1998）。在实践中，越来越多的组织开始认识到员工建言与参与的重要性，并通过组织体系与制度设计来提高员工的参与程度，从而激励员工的建言行为。

尽管以往的研究对组织公平、建言与效率产出三个概念之间的关系有过简单的论述，但仍存在许多不足之处，如对组织公平三个组成部分——分配公平、程序公平和互动公平对于工作产出与建言的作用没有进行区分和比较研究；对于建言的研究，大多集中于建言行为的前因变量，而对建言的有效性和对产出的研究鲜有实证检验；现有研究对于建言存在概念混淆的问题，如将建言机会感知、建言行为和建言功效性三个概念混为一谈（Avery & Quiñones，2002），从而难以区分和检验建言各概念及组成的作用。因此，上述概念及其之间的关系值得进一步探索研究。

与此同时，组织研究领域正在逐渐走向国际化，由此引发了社会科学模型从一个社会环境向另一个环境的移植问题（Tsui，2004），对于那些正在经历复杂过渡时期的社会来说更是如此，它们的体制规则、社会规范和价值观都涉及移植问题。在加入世界贸易组织之后，中国劳动力的价值观逐渐变得多元化，并受到强大的国际文化的影响，认为劳动力包括传统的中国人和更发达的经济社会中的劳动力（Ralston et al.，1999）。这一价值观的多样化对中国来说是一种挑战，组织必须努力将管理实践与员工的价值观导向整合在一起，并且随着国外企业的中国业务呈指数级增长，这一挑战的重要意义越来越明显（Roberts & Arndt，2005）。

目前，对于如何促进组织产出的研究多基于西方的社会交换、组织认同等理论，但由于国际化的影响，越来越多的研究开始质疑社会交换理论的普适性，质疑该理论能否解释雇员的态度和行为（Brockner et al.，2001），尤其是传统中国情境下的员工（Lam et al.，2002；Lee et al.，2000；Westwood et al.，2004）。在多数基于美国文化的研究中，社会交换理论都得到了很好的支持（Rhoades & Eisenberger，2002）。但组织公平与员工反应之间的关系尚缺乏美国本土环境之外的研究，尤其是像中国这种与美国文化具有明显区别的国家（Farh，2007）。现有研究多基于西方理论从整体研究组织公平对组织公民行为的影响，并没有考虑不同文化下的关系差异。

基于以上研究背景，本书旨在探索组织公平、员工建言与工作产出之间的关系，同时检验中国传统文化价值观在三者之间关系中发挥的调节作用。

1.2 研究目的

1.2.1 探索组织公平对工作产出的影响作用

根据以往研究探索组织公平对工作产出的影响，并分别考虑分配公平、程序公平和互动公平与工作产出之间的作用机制。具体研究目的包括：①分析现有研究中概念混淆、结论矛盾等现象，发现关键问题所在；②了解组织公平与工作产出之间的作用机制，形成概念框架，分别探讨组织公平的三个维度对工作产出的影响及其之间的差异，从而给出相应的建议。

1.2.2 验证组织公平通过员工建言影响工作产出的作用机制

在探索组织公平与工作产出关系的基础上，检验员工建言是否发挥了中介作用。具体研究目的包括：①分析当前建言研究中对各概念的混淆与不足，发现存在的研究问题；②构建组织公平、员工建言、工作产出三者之间的关系模型，并验证建言行为、建言机会感知和建言功效性所发挥的作用，并提出相应建议。

1.2.3 关注传统文化价值观所发挥的调节作用

以往研究表明，组织公平和建言两个变量在不同文化背景下的表现也有所不同，即具有不同文化价值观的人们看待公平的感受不同，从而导致建言行为、员工表现不同。同时，越来越多的学者号召进行本土化研究，研究基于中国文化背景下的组织公平与建言的效用，从而构建出具有中国特色的概念体系，这也是对社会交换理论普适性的检验。因此，本书就中国文化价值观变量传统性研究其对组织公平与员工建言对工作产出影响的调节作用。

1.3 理论创新

1.3.1 探索组织公平各维度对员工建言、工作产出的作用之间的差异

以往研究多局限于组织公平这一整体构念对员工建言或工作产出的影响，而缺少分别探讨分配公平、程序公平与互动公平三个子维度所发挥作用的差异研究。本书在已有研究的基础上，分别从分配公平、程序公平和互动公平三个维度对员工建言与工作产出各维度的影响进行了区分和比较研究，对以往研究做出了归纳性总结和提升，具有一定的理论意义。

1.3.2 剖析建言各维度对工作产出的作用

以往研究混淆了建言机会感知、建言行为和建言功效性等与员工建言

相关的概念，将其等同为一个变量进行研究与测量，但上述变量实质上在概念与测量上都有显著差异，对员工产出的影响也有差异，尤其缺乏对组织承诺等变量的影响作用检验。因此，应分别对上述变量进行概念上的区分和测量，本书从建言感知（包括建言机会感知、建言效果感知）、建言行为两个维度分别检验建言对员工产出的影响，为建言相关理论和未来研究提供借鉴。

1.3.3 建构组织公平—员工建言—工作产出的关系模型

效率、公平和建言之间的平衡一直是人力资源管理和劳动关系领域的核心问题。组织过分注重效率而忽视员工对公平和建言的需要，将导致员工工作积极性下降及员工对组织的不信任，更重要的是加深了劳资双方的矛盾冲突。因此，人力资源管理学派主张提供组织公平，进而促进建言和提高效率，达到双赢的目的，但是在理论与实践上都缺乏将三者结合在一起的关系模型和验证。本书尝试建构组织公平、员工建言与工作产出三者的关系机制，并研究员工建言在组织公平与工作产出关系间所发挥的中介作用，为解决上述问题提供了思路。

1.3.4 探究三者关系模型的条件性因素

针对以往文献中出现的矛盾观点及对社会交换理论的普适性质疑作出解释，引入传统性作为本土化研究的文化价值观变量，并检验其调节作用，即在中国文化情境下验证组织公平与工作产出、组织公平与员工建言及员工建言与工作产出之间关系的强弱变化，比较其与西方理论下的异同，从而为本土化研究提供借鉴。

1.4 现实意义

构建组织公平—员工建言—工作产出三者之间的作用机制，并探究影响该机制的边界条件，以期为组织与管理实践者实施有效的管理手段提供理论支持，并为组织制度的设计与实施提供指导和依据。

1.4.1 关注组织公平与员工建言对工作产出的积极作用

本书验证了组织公平与员工建言对员工组织承诺、满意度等工作产出的积极作用。此外，当员工感知到组织公平时，可以通过建言这一桥梁促进员工的工作产出和积极态度。以上给予管理者的启示：不能只关注提供组织公平，还要了解组织公平可以间接通过员工建言促进工作产出。同时，组织管理者应当意识到，除了在程序上提供组织公平，更重要的是保持公平的氛围和环境，应当关注员工对组织和领导者的看法和感知，如是否可以像“内部人”一样向领导建言等，从而提高员工对组织的积极性与感知。同时，当员工愿意建言且建言得到重视和采纳时，会进一步提升其对组织的满意度、承诺度等。相反，当员工受到不公平待遇时，员工会降低建言积极性，从而影响整个组织的效率。因此，管理者要注重管理组织公平与建言机制，促进员工对组织的积极反应。

此外，组织公平各维度——分配公平、程序公平与互动公平及建言各维度——建言机会感知、效果感知、建言行为对工作产出各个变量的影响是有差异的。管理者既不应忽视某一维度而关注片面，也不应将各个维度混淆而盲目采用统一的管理手段，而是应当针对各维度的不同作用有的放矢地实施管理策略，为员工构建公平的组织氛围和建言的渠道。

1.4.2 重视提高管理手段的文化敏感性

本书证实，当员工的传统性较高时，即便其感受到了组织公平，也较难形成建言及对组织的积极态度，即传统性这一价值观发挥了负向的调节作用。这说明在中国传统文化的影响下，传统性高的员工更重视履行责任与义务，因此将弱化组织公平或组织支持等因素的积极作用。管理者应当细心观察和了解员工的文化价值倾向，有的放矢地激励员工。

不同类型的企业中，国有企业的员工可能传统性偏高，那么，对于他们来说，应该强调员工职责、完成工作角色所赋予的责任等；而对于企业文化较为平等开放的外企来说，应当在招聘环节就注意引进传统性相对较低、思想较为开放平等的员工，从而达到组织人事匹配，对于这样的员工，组织支持等策略都能提高员工的承诺和绩效；而对于混合型企业来说，应当采用混合式的绩效考核和激励方式，针对不同价值观的员工采用不同的方式，从而达到有效的激励，提高员工绩效和组织效率。总之，人力资源管理者与企业家都应首先认清西方管理理念是否具有文化普适性，尤其是在中国传统文化的影响下，权力距离和传统性等文化价值观都将影响中国员工的态度和行为，从而产生与西方理论相悖的情况，而这些正是从事本土化研究和管理实践需要注意的关键。

1.4.3 注重建言感知所发挥的作用

本书识别出：建言不应作为一个整体概念混淆使用，应当区分建言感知与建言行为的不同。就建言感知而言，包括员工对是否有建言机会的感知及对建言效果的感知。对管理者的启示在于，不仅要注重培养员工的建言行为，而且要考察员工是否感知到了组织所提供的建言机会，此外，员工的建言在多大程度上得到了采纳也是影响员工公平感知的重要因素。为进一步促进员工的公平感知，带动整个体系的循环运转和提升，促进员工工作产出，管理者不仅要提供互动公平的工作氛围，改善与员工之间的合作关系，从而提升员工对建言机会的感知能力，而且要广泛吸纳员工意见，使员工相信其意见得到了组织的尊重及认可，感知到自身具有建言的权利和机会。

1.4.4 平衡公平、建言与效率之间的关系

对于组织来说，实现效率最大化一直是所追求的目标，但与此同时，从员工的利益出发，则要求更多的组织公平和建言。西方产业关系学派认为，劳资双方存在不可调和的内在矛盾，因此，无论是否提供组织公平，员工与雇主之间都存在利益对立。而人力资源管理学派认为，组织可以改善管理手段，如提供组织公平和建言，从而提升员工对组织的承诺与满意度，进而提高效率，达成双赢的局面。本书验证了这一作用机制，即组织公平与建言之间的良性互动，从而带动了员工绩效和组织效率的增长。因此，管理者应当致力于建立一个类似的循环系统，即激活组织公平、建言

和效率之间的作用机制，使得组织和员工有效地运转起来，同时考虑文化因素，建立起中国本土化的劳动关系和人力资源管理体系。

1.5 研究设计

为了解决本书所关注的问题，即组织公平、员工建言与工作产出之间的作用机制与条件性因素，研究团队对研究架构进行了结构性设计。设计方案主要包含研究内容、研究对象、研究方法等。

1.5.1 研究内容

本书分别研究了组织公平与员工建言对工作产出的作用机制，同时将员工建言作为中介变量，验证了传统性文化价值观变量对组织公平与工作产出、组织公平与员工建言、员工建言与工作产出之间关系的调节作用。为此，本书主要涵盖以下几方面内容：

（1）组织公平对工作产出的影响。

这一内容分别探究了组织公平及其各组成部分，包括分配公平、程序公平与互动公平对工作产出的作用机制。这部分通过对国内外相关文献的梳理与分析及探索性研究进行预测试，验证了研究模型的合理性和有效性。

（2）员工建言对工作产出的影响。

这一内容探究了员工建言及其各组成部分，包括建言机会感知、建言效果感知、建言行为对工作产出的作用机制。通过对国内外相关文献的梳理与分析及探索性研究进行预测试，验证了研究模型的合理性和有效性。

（3）员工建言的中介作用分析。

这一内容主要验证了员工建言是否在组织公平与工作产出之间发挥了桥梁作用，即组织公平除了直接影响工作产出，是否会通过员工建言间接影响工作产出，从而梳理并系统提出组织公平、员工建言与工作产出之间的关系模型。

（4）文化变量传统性的调节作用分析。

这一内容主要验证了在中国传统文化价值观的影响下，组织公平与工作产出、组织公平与员工建言及员工建言与工作产出之间的关系发生了怎样的变化，从而检验社会交换理论是否具有文化普适性。

1.5.2 研究对象

从研究的理论变量来看，组织公平、员工建言、工作产出及传统性均代表了员工个体的心理感知、态度与行为。因此，在研究对象的选取上，本书以中国组织情境中的企业员工为研究对象，样本覆盖了中国沿海与内陆、北方与南方等不同地域，选取了制造业、服务业等行业，企业性质涉及国有企业、民营企业和外资企业等不同类型，企业规模包括100人以下、100~500人、501~1000人、1000人以上的小中大型企业。从变量的层次关系来看，主要研究变量均隶属个体层面，主要依据在于：第一，本书所使用的理论变量是从员工个体角度界定的；第二，对各个理论变量的测量均是以员工自评的方式，使用的均是经验证各项指标较为成熟的量表。

1.5.3 研究方法

（1）文献分析法。

通过对以往文献的回顾，综合阐述了组织公平、建言及传统性等变量的基本概念区分、研究现状，着重指出了现有研究存在的不足及矛盾结论，从中找出问题的所在，并针对问题梳理了被混淆的概念。同时，借鉴心理学、管理学等的相关理论，论证了理论变量之间的关系，并依据研究目的和内容构建了基本研究框架。

（2）深度访谈法。

采用深度访谈法，通过探索性研究对理论框架的合理性进行了验证，对来自长春、大连、烟台、上海四座城市的汽车生产企业、汽车销售企业、汽车财务公司、银行、证券投资公司的10名员工进行半结构式访谈。基于对所获取信息的分析和理解，对研究框架进行了逻辑验证，并在此基础上修正理论模型，提出研究假设。

（3）问卷调查法。

在正式测试部分，本书采用问卷调查的方法，检验各量表的信度与效度，并对模型中各个研究假设进行检验。根据实证研究的探索性因子分析与验证性因子分析方法对所收集的问卷进行了预测试检验，以确保问卷的信度与效度符合相关标准。随后发放大量样本的问卷，并运用统计学方法对所获取的数据进行分析，验证各研究假设。

1.6　研究流程

本书的研究流程如图 1.1 所示。

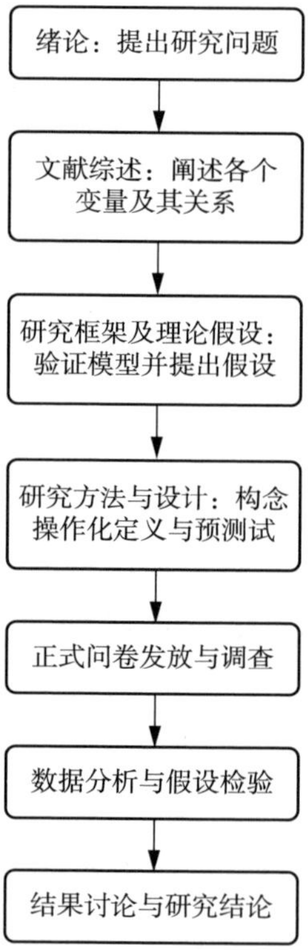

图 1.1　研究流程

1.7 本书章节安排

针对本书所关注的问题及研究流程，将各章节内容安排如下：

第1章：绪论。在简述研究背景的基础上提出研究问题，并对研究的目的、意义和创新点进行简要论述，介绍研究内容与研究对象。

第2章：文献综述。围绕工作产出、组织公平、员工建言和传统性四个核心概念，对以往研究进行回顾和总结。内容包括概念定义、测量方式、理论研究进展等。并在此基础上，依据其他学科的基本理论，对四者之间的关系进行探讨。

第3章：研究框架及理论假设。基于文献综述构建研究理论框架，并运用探索性研究等方法对理论框架的合理性进行检验和修正，确定理论框架，并提出研究假设。

第4章：研究方法与设计。主要介绍研究所运用的具体方法，并对各个理论构念进行操作化定义。此外，对研究中所使用的测量工具进行预测试，以确保量表符合研究的基本要求。

第5章：数据分析与讨论。采用SPSS18.0、AMOS18.0软件对所收集的数据进行分析，检验各个研究假设，并对数据结果进行分析讨论。

第6章：讨论与结论。对所得出的研究结论进行总结论述，并分别阐述理论与实践层面的意义，最后分析研究局限性及未来研究的可能方向。

第 2 章　文献综述

2.1　工作产出

在大多数人力资源与组织行为的文献中，将员工绩效和其他态度或情感认知变量合并在一起称为员工产出，包括员工绩效、组织承诺、主管承诺、满意度、离职倾向、组织公民行为等（Kanika，2007；Corine et al.，2011；Zhang & Naresh，2009）。

2.1.1　社会交换理论

工作产出体现了员工对组织的行为与态度反应，是衡量组织与员工关系的重要指标，包括绩效、满意度、承诺度、组织公民行为等。近年来，学者越来越多地将社会交换理论与互惠原则作为解释与探究组织和员工关系的理论基础，研究员工工作产出的影响因素等问题。

社会交换理论（social exchange theory）起源于 20 世纪 50 年代的西方，在 20 世纪 60 年代后得到了发展，代表人物包括霍曼斯（1958）和布劳（1964）。该理论认为，人与人的关系本质是一种社会交换关系，即当得到他人的善意或积极对待时，人们也会倾向给予他人同样积极的回报。与经济交换关系不同的是，社会交换关系中不存在书面的经济契约以保证双方的投入与回报，而是双方个体主观确信自己会在未来某个时间和情境下得到某种形式的补偿或回报。布劳（1964）将其描述为个人对他人给予好处并期望以此在未来得到回报。社会交换关系可以存在于不同的主体之间，包括个体与个体、个体与组织及组织与组织。企业与员工之间的雇佣关系可以被看作一种“交换”关系：员工努力工作换取企业福利，企业也会通过对员工的支持与认同换取员工更多的努力，其本质体现了互惠原则。

布劳（1964）认为，人与人之间的联系建立在两种基本的社会历程之上：“内在吸引力”（intrinsic attraction）是个人和一个机智、美貌或与自身相似的人在一起，因为其关系的内在性质相似，而产生的愉悦之感；“外在吸引力”（extrinsic attraction）则是个人为了获取对方所拥有的物质资源，而和他人保持的关系。对方掌握了个人所需的物质资源，便掌握有可以影响个人的社会权力（social power）。他很明确地指出了经济交易和社会交换的不同。在经济交易中，所交易的物品有明确的市场价格；对于交易过程，则有一种成文或不成文的契约，明确地规定进行交易双方的权利和义务；在一次成交之后，立刻可以得到己方应得的利益。社会交换则不然，在社会交换中，人们对其所得之物品、服务或社会赞同的价值是主观断定的，进行交换的双方之间有许多“不确定的义务”（unspecified obligations），因此，必须依赖如信任之类的桥梁才敢进行投资。

由于布劳分析的焦点集中于社会组织之中，他对于社会交换的构想依然建立在理性人或经济人的模式上。他在分析小团体的形成、权力和地位的分化、团体规范的运作及更高层次的群体行为时，都同样假设：人们总是遵循着理性、互惠、公正及边际效用原则进行社会交换，以维持社会关系的稳定。

埃默森（1981）指出，社会交换理论共有三个核心预设：

（1）理性原则：各种有利的事件，无论它是涉及金钱、物品还是社会赞同，视其为有价值的人，会倾向于采取行动，以获取该事物。这种行动通常被称为理性行为、操作性行动或目标导向的行动。

（2）边际效用原则：每种有利或有价值的事物都遵循着餍足、价值淡化或边际效用递减的原理。

（3）公平原则：通过社会历程所获得的利益，必须以付出对等的利益作为交换。由这项原则可以引申出互惠原则或平衡原则，即个人会积极地回报来自他方的帮助。在组织中体现为，员工的努力和忠诚与组织善待员工形成了公平互惠的交换关系，由此员工就能在工作中获得较高的工作满意度和积极的情绪体验，而组织也可以从员工较高的情感承诺、工作绩效中获得收益。

组织与员工的社会交换关系根据主体层面不同可分为两种主要形式：一是员工与所在组织整体的交换；二是员工与组织个体的交换。这里主要指员工与领导之间的个体交换关系。目前，基于社会交换理论的工作产出研究多是探究影响工作产出的各个层面的因素，包括组织文化、组织氛围、领导类型、员工个体特征与感知等。

2.1.2 工作产出的研究现状

工作产出作为衡量员工对组织的态度与行为反应的结果变量，近年来得到了国内外学者的广泛关注（周明建和宝贡敏，2005；王文，2011；Kanika，2007；Corine et al.，2011；Zhang & Naresh，2009），可分为组织整体层面、领导层面、个人层面对工作产出的影响研究：

（1）组织层面因素。

Raduan Che Rose 等（2009）探究了组织学习与工作产出等变量之间的关系，包括组织承诺、工作满意度与工作绩效。组织学习积极影响了工作产出各变量，同时，组织承诺与工作满意度在组织学习与工作绩效之间发挥了中介作用。

Charmi Patel（2011）选取印度一家呼叫中心 458 名员工作为研究对象，验证了组织公平与整体公平的整合模型。结果表明，组织公平的各个维度都与整体公平相关，此外，公平感知通过工作团队认同间接影响了员工的不良行为，如出勤主义（presenteeism，指员工在生病、压力太大或有其他事情而无法专心工作时还必须照常上班的情况）与工作懒散。与此同时，认真尽责作为性格特质显著影响了二者之间的关系。

Eran Vigoda-Gadot 等（2011）在了解了公立大学科研人员对组织政治的看法之后，验证了组织政治在社会资本与工作产出的关系之间起到桥梁作用。

（2）领导层面因素。

周明建等（2005）在社会交换的理论背景下研究了组织、主管支持与工作产出之间的关系，并验证了情感承诺的中介作用。此外，在中国社会的特定情境下，比较了“利益交换观”与“利益共同体观”的持有者在这些关系上的差异。

吴龙增等（2009）研究了辱虐管理对员工表现的影响，并考察了对主管信任的中介作用及传统性的调节作用。

Wei-Chi Tsai（2009）关注了变革型领导对工作产出的影响，他们认为变革型领导通过促进员工的积极情绪提高了员工的任务绩效及其利他行为。

Millissa F. Y. Cheung 等（2009）验证了领导与下属之间“关系”对工作产出的影响，其中通过工作满意度调节了二者之间的关系。

F. M. de Poel 等（2012）发现，变革式领导与参与式领导均对员工的工作产出具有直接影响，其中参与式领导通过变革氛围间接影响了工作产出。

（3）个人层面因素。

Avey 等（2009）研究了心理所有权的四个维度，即自我效能、义务感、亲密关系感知及自我认同对工作产出的影响。

Brian 等（2010）通过路径分析探究了大五人格、工作倦怠（包括情绪衰竭、自我感丧失与个人成就三个维度）与工作产出（包括旷工、离职和工作绩效）的关系。结果发现，工作倦怠是大五人格与旷工关系的完全中介变量，是大五人格与离职、工作绩效关系的部分中介变量。

国内学者王文（2011）综合以上三个层面的因素，研究了组织内社会交换对工作产出的影响，验证了组织支持感（POS）与领导成员交换（LMX）通过员工个体心理契约的破裂影响了工作产出，与此同时，组织中的“关系”因素发挥了调节作用。

由上述可见，目前对工作产出的研究现状为主要集中于研究工作产出的前因变量，其中可分为三个层面上的研究，包括个人层面，如个性特质、心理或社会资本等；领导层面，如领导下属关系、领导风格等；组织层面，如组织政治、组织公平与组织学习等。尽管对于工作产出的研究已经有了一定的发展，但是仍然存在以下问题：

第一，目前国内学者将工作产出作为结果变量的研究相对于国外来说仍然较少，原因可能与工作产出涉及的变量较多及研究关注的焦点不同有关。

第二，尽管对于工作产出的前因变量不乏前人的研究，但是缺乏对作用机制的深入挖掘与讨论，而较多关注各个前因变量对工作产出的主效应模型，忽视了对缓冲效应模型的探索。此外，对于各个关系模型的边界条件挖掘不足。

第三，由于工作产出所包含的变量既有客观绩效，又有员工的主观态度与情绪，因此，对各子变量的分类及其之间的关系梳理仍缺少支持性的结论。

第四，由于目前绝大部分对工作产出的研究，其理论依据多是根据西方社会发展而来的社会交换理论，因此具有理论和文化的局限性。在中西方文化存在显著差异的现实下，社会交换理论是否仍适用于中国文化，或者中国人的传统观念在员工看待组织及员工与组织关系之间发挥了怎样的作用，值得进一步探索。

因此，针对以上问题，本书尝试性地建构了组织公平、员工建言与工作产出三因素缓冲模型，同时在中国传统文化背景下，检验中国人传统性对三者关系的影响。此外，对于子变量的选取，参考 Tekleab 和 Chiaburu（2011）的建议，可将工作产出按态度、行为与结果变量分类单独探讨，其中态度变量包括工作满意度、薪酬满意度、组织承诺、主管承诺及离职倾向；行为变量包括组织公民行为、反生产行为（counter-productive behaviour）等；结果变量包括任务绩效、情境绩效（contextual performance）、学习绩效、创新绩效等。由于态度与行为、结果变量之间存在因果关系（Zhang & Zheng，2009），为避免子变量之间的关系干扰主效应模型，本书仅选取上述态度变量代表工作产出进行研究，并在第 4 章利用因素分析方法对其理论架构进行实证检验。

2.1.3 工作产出、组织公平与员工建言

（1）效率、公平与建言的关系。

雇佣关系问题是现代社会的一个重要方面。雇佣的性质决定着个人的

生活质量、经济的运行、民主的生命力及对人权尊重的程度。所以，在现代社会中建立雇佣关系的社会目标是非常重要的。经济的繁荣要求雇佣关系能够创造生产力，但是经济效益不能作为雇佣关系的唯一标准。工作不只是经济交易，对人的生命和尊严的尊重要求把员工得到平等的待遇也作为雇佣关系的一个基本标准。另外，无论是对于人的尊严还是对于民主，自决权都是很重要的，这就要求雇员对关系到他们生活的决策拥有发言权和参与权。简言之，雇佣关系的目标是效率、公平与发言权（Budd，2004）。

这三个目标中，效率是经济行为的工具性标准，是雇主的主要目标。公平与发言权则是雇员的主要目标，其中公平是待遇的工具性标准，而发言权则是一种本质性标准。发言权可能会提高效率，并由此具有一定的工具性，但究其根本，发言权因其自身对民主思想和人性尊严思想的支持而被重视，需要与同是雇员目的的公平相区别。如果发言权被看作公平的一部分，那么工具性标准和本质性标准就会被混为一谈。公平属于分配和管理问题，指雇员所得到的待遇；而发言权与分配问题无关，并非雇员被分配到的待遇（Budd，2010）。公平可由单方面来提供，而发言权则要求有雇员的参与。由此，对工作场所加以管制的一些管理手段可能会更有效地提供组织公平，而不是发言权。因此，无论是从理论上还是从实践上，发言权都应该被提升到一个明确的与效率和公平平等的层面上。

John W. Budd 在其著作《人性化的雇佣关系——效率、公平与发言权之间的平衡》中首次提出了整合性的概念框架，将效率（efficiency）、公平（equity）和发言权（voice）作为雇佣关系三大目标放在同一个研究框架下进行分析（图 2. 1）。分析效率、公平与发言权的核心地位和达到这些目标的不同机制是在人力资源与劳资关系（Human Resources and Industrial Relations，HRIR）领域进行的，其中包括多元主义劳资关系、人力资源管理及批判性劳资关系三大学派（Budd，2004；解格先和马振英，2007）。尽管具有共同的愿景，但是上述三个学派的研究重点各有不同。

图 2.1　雇佣关系三大目标的平衡

资料来源：Budd J W. Employment with a Human Face—Balancing Efficiency，Equity，and Voice［M］. New York：ILR Press，2004：44。

多元主义劳资关系或批判性劳资关系学派从宏观的角度界定了效率、公平与发言权三个主要概念。其中，效率是对稀缺资源加以有效利用的一般经济标准，即有效地、利润最大化地利用劳动力以促进经济繁荣；公平是针对人的尊严、人的生命的神圣不可侵犯性及自由的一套平等雇佣标准，如雇佣法中所规定的最低工资水平等；voice 一词被视为一种发言权利的体现，指免受不公平待遇和申诉程序保护下的言论自由（工会代表的发言权机制）。总之，劳资关系对于效率、公平和发言权的研究更多地将关注的重点集中于雇佣结果的外部决定因素上，如市场、法律和机制等。公平与发言权条款是迫于对雇员的关切，而不是对效率的关注而制定的。由于两个学派的核心思想是雇佣关系中劳方与资方之间存在着固有的矛盾（经济的或阶级的矛盾），劳方会运用集体表达的形式对抗资方力量，因此，效率会更加频繁地与公平、发言权产生冲突。

人力资源管理学派则从组织微观视角出发，界定了模型的三个主要概念。其中，效率是检验企业经济效益或绩效的标准，包括客观的绩效指标、报酬与福利、组织与雇员关系及主观的员工态度与反应，如满意度、离职倾向、对组织的承诺度等，对应了管理学研究中的工作产出构念；公平对应了组织公平构念，是检验组织对待雇员是否公正的标准，不只包括经济回报的分配公平（工资和福利），还包括管理程序与互动过程上的平等（无歧视雇佣、公开的管理政策、公正的领导手段等），即程序公平与互动公平；而对 voice 一词的界定需要与劳资关系学派相区分，人力资源管理学派将 voice 视为对组织决策提供建设性意见的能力，对应了管理学研究中的员工建言构念。具体形式包括雇员直接参与决策，如自我管理工作团队、员工建言机制及通过雇员代表计划或工厂委员会实现的间接参与等。人力资源管理学派的核心思想是：员工与组织关系中不存在固有的矛盾，有效的管理政策和手段能够平衡雇员和雇主之间的利害关系，因此，可以利用组织公平和员工建言提高员工产出，从而提高组织效率，最终有利于组织的根本利益。

总之，已有研究从典型的人力资源管理研究视角分析了组织公平和员工建言对于工作产出的内部决定因素，如态度、动机和管理政策等（Kaufman & Taras，2000）。当代人力资源管理研究强调的是以组织分配与程序上的公平待遇作为降低员工流失率，以及提高员工忠诚度、能动性和绩效的重要手段（Folger & Cropanzano，1998）。此外，不少公司通过员工参与计划和打造高绩效工作体系促进员工建言，从而提高了组织核心竞争力。由于组织公平与员工建言解决了源于信息不对称、交易成本和程序上不公的问题，则有助于提高工作产出（Freeman et al.，2007）。

尽管Budd（2004）提出了效率、公平与发言权的理论模型，并对以上各学派做出了解释与区分，但其著作的主要视角来自多元主义劳资关系学派，结合美国劳资关系的历史、政治与法律等宏观背景对雇佣关系进行了详细论述。由此可见，尽管该模型可以从上述三个学派进行讨论并作出合理解释，但目前该模型在人力资源管理学派的应用与检验仍未进行实践；此外，虽然该学派对于工作产出、组织公平与员工建言三个构念分别进行了研究，但基于三者的理论模型进行检验与讨论的研究仍然不足。因此，本书从人力资源管理学派的视角出发，构建了工作产出、组织公平与员工建言三者的理论模型，从管理学的角度检验Budd的理论模型。

（2）组织公平与员工建言。

对于组织公平与员工建言这两个工作产出的影响因素来说，人力资源管理学派对公平的强调更多地集中于普遍公平。这在亚当斯（1963）的公平理论中得到了经典的阐述：当自己的收入与付出之比与他人的比率相同时，人们认为分配结果是公平的。换言之，公平源于个人对付出与回报之间一致性的感知。当代组织公平理论还包括关注程序公平和互动公平

(Cropanzano et al.，2002)。但是需要注意的是，研究者对分配公平、程序公平等看法针对的是一种效率标准（Budd，2004)。例如，如果分配公平或程序公平提高了雇员的忠诚度，那么组织结果就可得到改善。由此，分配公平和程序公平之所以在人力资源管理中得到提倡，并不是出于对雇员权利的关注，而是这样可以使组织得到改进，同时改善雇员的福利。作为雇佣关系的标准，公平涵盖以下三个概念：最低标准、分配公平及程序公平。因此，公平是雇佣关系中这样一种公平：员工得到其应得的待遇，包括作为自由人所应有的最低条件和基于客观业绩标准的公平条件。公平的最低标准包括最低工资、最高工时、安全和健康保护、童工限制、家庭休假和退休、健康和伤残保险，除此之外还包括公平的工作报酬和均衡的所得分配。

建言是员工在决策中提出有益见解的能力。建言与效率和公平两大支柱并列，无论其是否促进了效率的提高、组织的改进，都无疑增加并强调了雇佣关系中的自决要素。德国经济学家 Hirschman（1970）在《退出、建言与忠诚》中将经济学上的建言概念大体定义为“改变而非逃避（退出）事件之令人不愉快状态”的努力。对于经济学派的学者而言，对建言的关注也集中于其对效率的作用方面。相对来说，Budd 等学者对建言的关注不限于将建言定义为提高效率的手段，以及退出的替代选择，而是与工人在工作场所的自主权观点相联系，即员工应该具有建言权。然而作为人力资源管理策略的一部分，发言权机制的最终目的是有利于组织的利益。直接参与决策被认为可以充分利用改善工作流程所需要的雇员的知识和经验，从而提高生产率。而间接参与的雇员代表制度可以通过改善信息分享及协调提高生产率（Kaufman & Taras，2000)。各种形式的参与都可以在雇员和雇主之间建立信任并培育雇员对公司的忠诚度。直接参与可以满足个人成长和发展的个体需要，这可以通过增加工作满意度和动机来提高绩效。

Stephen F. Befort 于 2009 年将 John Budd（2004）的模型应用到了公共政策等领域，此外，Stewart Johnstone 等也将该模型应用到了英国合作经营关系的研究中（Stewart Johnstone et al.，2010)。他们在研究中都指出了巴德模型的合理性，并主张在未来的研究中，从组织的微观视角将该模型应用到人力资源管理、组织行为等领域，并考虑文化情境所造成的影响。由此看来，从人力资源管理的视角出发，将组织公平、员工建言与工作产出纳入一个研究框架，验证三者之间的关系具有一定理论背景和意义。

2.1.4 现有研究总结

根据以上分析可知，对于工作产出的研究目前存在一些不足，值得在未来研究中进行深入探索：

第一，尽管 Budd（2004）所提出的效率、公平与发言权理论模型对于人力资源与劳资关系领域具有理论上的指导意义，但目前对于这一概念模型的实证检验仍不多见；

第二，工作产出这一理论构念在西方研究中得到了较为广泛的关注与研究，但是目前在国内尚缺少足够的关注，国内研究往往是对工作产出中的一个子变量进行研究；

第三，对于工作产出各个子变量的选取没有进行清晰的分类，如分别从态度、行为和结果三类变量进行研究，而是将其混在一起，作为被解释变量进行研究，但由于态度、行为与结果变量之间存在因果关系，因此，三类变量混淆使用代表工作产出会影响研究结论的准确性（Kanika，2007）。

针对以上问题，本书从人力资源管理的视角出发，构建组织公平、员工建言与工作产出的关系模型，研究前二者对工作产出的影响，对工作产出变量的选取选择了工作满意度、组织承诺、主管承诺、离职倾向、薪酬满意度五个变量，并运用探索性因子分析与验证性因子分析方法对工作产出构念的效度进行检验。

2.2 组织公平

商业组织通常被理解为经济机构。许多雇主与其劳动力之间的关系时而明确时而隐晦地被认为是一种“理性”关系（Ashforth & Humphrey,

1995）。例如，许多组织强调基于具体任务的表现给予员工金钱形式的报酬。这些任务通常被理性地通过工作分析和监督者正式地评估描述出来。这种等级权力的合法性是基于管理者具有特殊的知识与专长。员工的积极性被看作他们对个人经济利益的追求，因此，个人绩效工资被推定为有效。运用这一理性模型可以得知存在裁员的可能，即裁掉那些无法达到最低要求的工人。同时，这一理性模型促使了公司股票价格短期上扬，而这些公司往往都采取了积极的成本削减措施（Pfeffer，1998）。

企业显然是经济机构，但又不只是经济机构。如果将企业仅视为营利的经济机构会带来许多负面问题。绩效工资有时是无效的（Pfeffer & Sutton，2006），裁员通常会引发致命的长期效应（Pfeffer，1998），官僚式的管理将约束工人并减少创新。组织应该致力于经济发展，但是也应该具有超越狭隘的报酬交换的理念，其中就包括一方对另一方的道德义务。组织公平是促使员工共同有效工作的“催化剂”，是组织成员对其受到的对待方式是否符合道德规范的感知（Russell et al.，2007）。

2.2.1 组织公平的定义

哲学家和社会时事评论家早在管理学家之前就提到了公平问题。在古希腊，历史学家描述了古雅典立法者梭伦的成就及其对雅典政府的改革。这些都是理解公平的规范模式，因为它们是从逻辑上判断何种行为是真正公平的。由此，公平被自然而然地纳入商业伦理的范畴。

尽管组织公平来源于更久远的传统，它仍然具有自身的特点。与哲学家、律师的工作不同，管理学家将焦点放在个体认为什么是公平上，而非什么是公平上。换言之，这些研究者追求的是一种描述性的解释。他们的目的是了解人们为什么将一些特定的事件视为公平，以及这些评价随后会引发的结果。在这方面，公平变成了一个主观的、可描述的概念，它表达的是个体认为什么是公平的，而不是一个客观的事实或一个规范性的道德准则。正如 Russell 等（2007）给出的定义一样，组织公平是一种个体对于管理行为的道德与伦理地位的评价。因此，在这一定义下，要产生公平，管理者需要站在雇员的角度理解问题，以及他们需要了解什么样的事件能够促使个体主观的公平感知的产生，但是目前的管理者做得还远远不够。

管理者常常会假设员工心目中的公平仅意味着他们得到了令人满意的报酬。这些管理者混淆了报酬倾向性与报酬公平两个概念。前者是对个人价值的评估，而后者是对道德礼教的判断。有证据表明，报酬公平和报酬倾向性是有区别的（Skitka et al.，2003），相关系数介于0.19~0.49，系数的改变取决于测量变量的地点和方式（Cohen－Charash & Spector，2001）。这些研究表明，得到希望的报酬是重要的，但是公平同样重要，出于这个原因，可以从三方面说明公平对于个人的重要性（Cropanzano et al.，2001）。

第一，长期利益。人们通常会签订长期的雇佣合同，因此，他们需要在当时估计在这一过程中被怎样对待。一个公平的组织会使这种估计十分简单。雇员希望得到公平，因为这会令他们预测并控制他们即将从组织得到的报酬。因此，恰当的人事政策会使工作效率得到提升。多数人都理解每个人的决策不能依照各人的喜好而定，但是公平可以提供给人们更多对于未来利益的确定性。

人们需要公平是因为公平能够提供给他们想要的东西。例如，当人们由于成功地完成了一项任务而得到奖励时，他们是开心的（Weiss et al.，1999），并且对自己的绩效感到骄傲。即使他们的成功是偷窃来的，他们也会感到高兴。但是与此同时，这些个体也会对他们的不道德行为感到羞愧，即他们能够认识到不公平，并对此做出反应，即使这对他们个人来说是获利的。

有时在得到人们所希望的和遵守规范之间存在着明确的矛盾关系。例如，薪酬满意度只在很小程度上与薪酬公平感知存在关联（Williams et al.，2006）。如果公平只是基于获得报酬，那么这一关联程度应该更高。但是证据表明，只要过程公平，员工得到了人际尊严的对待，那么他们宁愿接受稍差的报酬。

第二，社会因素。人是社会性动物，希望被他人接受并得到肯定，同时不要被权力的决策制定者剥削和伤害。在“群体利益模型”中，公平的对待指在更大的群体中个体受到尊重和尊敬。这一亲密关系的感受带给人们的重要性甚至比经济利益带来的还要重要（Tyler & Blader，2000）。然而，这种期待也会带来许多潜在的问题。公平感受将人们的价值感受传递给了雇主，当人们越关心组织的时候，他们受到不公平对待的时候也会越沮丧。Brockner、Tyler 和 Cooper-Schneider（1992）在裁员之前评估了一组雇员的组织承诺度。在裁员之后，那些最初对组织承诺高的员工表现出了最消极的反应。当组织不公平对待工人时，将会对那些对组织最忠诚的员工造成极大的心理伤害。

第三，道德因素。人们关心公平的另一个原因是他们相信这是对待他人应有的道德方式。当个人看到不符合道德规范的事情时，他很可能产生负面的情绪和压力（Bies & Tripp，2001）。从组织的角度看，这类反应是十分有害的，即使一个雇员只是看到了危害他人而不是他本人受的委屈，也会产生这种反应（Spencer & Rupp，2006）。例如，许多服务员工每天都要面对这样的问题。当这些员工看到一个顾客不公正地对待他们的同事时，看到的员工也容易产生压力困扰。通过这一机制，不公平将会在整个工作群体中传播有害的思想和情绪。

2.2.2 三个组成部分

研究表明，公平可分为分配公平、程序公平及互动公平。表 2.1 列出了这三个组成部分。

表 2.1 三类公平的原理

三类公平	原理
分配公平：公平合理的分配结果	公平：基于贡献奖励员工
	均等：基于每个员工大致相同的报酬
	需求：基于个人需要提供报酬

续表

三类公平	原理
程序公平：公平合理的分配过程	一致性：所有员工得到同等对待
	无偏私：没有个人或群体被孤立歧视或被不公正地对待
	准确性：决策制定基于准确的信息
	代表利益相关者：恰当的利益相关者有权参与决策
	可纠正性：具有补救错误的申诉过程或其他机制
	道德性：没有违反规范的职业行为标准
互动公平：员工受到权威人物公平合理的对待	人际公平：尊重、礼貌、尊敬地对待员工
	信息公平：与员工分享相关信息

资料来源：Russell Cropanzano，David E. Bowen，Stephen W. Gilliland. The Management of Organizational Justice［J］. Academy of Management Perspectives，2007（11）：36。

（1）分配公平。

研究者将分配公平称为组织公平的第一个组成部分，原因是分配公平涉及将结果分配给哪些人的问题。分配公平涉及的问题并不是所有员工都被同样地对待，工作场所的报酬分配是有区别的。个体关心的是他们是否得到了应得的“公平待遇”。有时分配公平是存在的，如大多数具有资格的人得到了晋升。但有时候也存在不公平的现象，如组织会提拔那些与高层管理者具有政治关系的“内部人”。

最早探讨分配公平的要追溯到亚里士多德，在《亚里士多德伦理学》中，他指出公平的分配是一个相对的结果，可以被定义为“公平比例”。在对其理论进行重新整理和详细说明后，亚当斯在 1965 年的著作中提出了具有代表性和影响力的分配公平理论。根据公平理论，人们感兴趣的是相对于他们的贡献，他们得到了多少。然而，单独这样一个比例是没有意义的，除非与一些固定的标准相比。因此，同时要检验某个指定对象的产出与投入比。通常这个指定对象是与我们相似的人，尽管并不绝对。只有当二者的比例相等时，人们才认为达到了公平。当比例不相同时，员工就会感到不安，他们就会通过修改其中的变量从而实现“平衡”。例如，一个报酬过低的员工可能会相应地减少工作投入。

这一简单的等式可以推导出许多假设，例如，一个人的收入如果低于另一个人，那么只要他同时投入的也相对较少，他就仍然会保持满意的态度。换言之，一个人与另一个人享受了同样的待遇，若其为组织投入了更多的工作时间或取得了更为突出的工作业绩，他仍然会感到不公平。这些结论或许不会在某位管理者身上发生，但他们依然可以从公平理论中借鉴许多管理哲学。例如，“超额报酬效应”就是公平理论中较为著名的推论，即当等式对一方有利而发生不平衡时所产生的结果。

根据公平理论，当一个人得到过多报酬时，等式两边就会不对等。因此，得到过多报酬的人必须更加努力工作（增加投入），从而保证公平。Greenberg（1988）研究了将原有办公室临时搬到更高一级或更低一级办公室的管理者。那些搬到更高一级办公室的管理者提高了他们的绩效，而那些搬到更低一级办公室的管理者则减少了投入。随后当他们搬回到原有恰当的办公室后，这些绩效的提高与减少就消失了。除了对绩效的影响，这一不公平现象还引起了对工作场所的破坏行为（Ambrose et al.，2002）和员工的偷窃行为（Greenberg，1993）。而这对于员工个人也是有害的，因为分配不公平与压力症状是密切相关的（Cropanzano et al.，2005）。

Homans（1958）为分配公平的概念界定奠定了公平理论（Adams，1963）与差异理论（Lawler，1971）的理论基础。按照公平理论，员工会将其产出投入比例与他人相比。而差异理论是从公平理论衍生来的，即员工将其所得与他认为应得的报酬相比，这一心理差距就是薪酬满意度的根源。社会比较理论既可以明显地与公平理论相关，也可以隐晦地与差异理论相关，它表明多数人通常会选择一个以上的参照者进行比较（Goodman，1974）。两种公平的比较都是与从事同一工作的人进行比较，其中个人公平考虑的是与同一公司从事同一工作的同事相比较；而外部公平是与公司以外从事同一工作的人相比较。同时考虑内部公平，通常被称为组织分配报酬或内部协调。内部公平的重要性被学者界定为：人们会在组织内部比较自己与上级或下级员工之间的分配差距（Lavelle et al.，2009）。从理论的角度来看，内部协调薪酬满意度基于同族剥夺理论。这一理论关注的是组织内部个体所在的成员组与一个不同组之间的比较。对内部公平的研究还表明，员工对组织薪酬体系的总体设置具有高敏感性。同时，同一组织内宽泛的薪酬差距将对生产质量、离职率产生影响（Cowherd & Levine, 1992）。

正如表2.1所示，分配公平中不只存在简单的公平原则和标准，这些不同的标准之间是互相冲突的。一般来说，可以按照以下方法区分这三种能够导致分配公平的原则是否被恰当地运用了：均等原则（对每个人都一样）、公平原则（按照贡献大小对待每个人）、需求原则（按照最紧迫的需求对待每个人）。这些原则都在亚里士多德的著名格言中有所体现："所有人都希望受到跟其他人一样的对待（均等），跟某些人一样的对待（公平），以及与他人不同的对待（需求）。"以下三种基本建议能够帮助更好地运用这三种原则：

第一，考虑个体的战略目标十分重要（Colquitt et al., 2005）。公平原则会为高绩效的个体提供报酬，而均等原则会在团队中建立团队合作精神。如果希望激发个体的积极性，那么就应采用公平原则；如果希望建立群体凝聚力，则应采取均等原则。

第二，组织可以同时使用均等原则与公平原则，从而平衡个体的需求。对于工作小组的试验证明，对于团队成员来说，最好为每个人提供一个基本的最低福利，这类似于平等原则。但是，在这个最低福利之上，可以基于绩效奖励成员，这类似于公平原则。这种混合的方法已经被许多组织采用。它们的奖励系统包括一个固定的基础，具有特定工作级别和工作年限的员工可以享受这个基础待遇。同时，雇员可以被激励超越这个基本待遇，通过绩效奖金分配获取额外的薪水（Milkovich & Newman, 2005）。

第三，应该按照不同原则提供不同的奖励。公平原则适用于提供金钱上的奖励，但是相对不适用于提供地位的象征。在美国管理者中，通常认为按照公平原则分配利益就是公平的（绩效更好的员工薪水也相对高）。此外，对于社会情感方面的福利，如预留停车位等，最好采用均等原则分配（Martin & Harder, 1994）。员工通常认为他们本身及其同事隶属一个群体，或者在最有利的情况下同属一个社区。因此，按照均等原则分配社会情感报酬能够说明组织中的每个人都很重要，且都值得尊敬。

（2）程序公平。

研究分配公平的学者主要是从资源分配的结果是否合理来看公平问题。而对于分配资源的程序是否公平也需要加以关注并在不同文化下进行检验。目前，西方学术界主要有两种关于程序公平的理论，即自我利益模型和群体价值模型。自我利益模型假定所有人在与他人交往时都希望将自己的利益最大化。Thibaut 和 Walker（1975）认为个人希望自己受到公平的对待。如果他们发现在交往中双方凭借自己解决不了利益上的争端，就会找第三方来合理地解决争端，从而使他们能够得到各自应当得到的东西。因此，人们非常关心选择第三方的程序。Leventhal（1980）提出一致性、防止偏见、精确性、可修正性、代表性和伦理性六项程序公平法则。

群体价值模型认为自我利益的考虑并不能充分说明公平判断背后的因素。Lind 和 Tyler（1988）提出，群体成员资格是社会生活的重要方面，人们非常关心自己与所在群体的关系。正因为如此，群体中的成员都尽力保持自己在群体中的地位。公平的程序和决策向群体成员传递两种信息：第一，个体在群体中被尊重的程度；第二，个体为自己的群体身份感到自豪的程度。

程序公平指分配结果的方式，而不特指结果本身。程序公平建立了特定的原则，用来说明并规制决策制定过程中参与者的角色。在三篇论文中，学者 Leventhal 及其同事（1980）为保证程序公平建立了一些核心特征（表 2. 1）。一个公平的过程应该满足对所有人一致对待、无偏私、准确性、代表利益相关者、可纠正性，且符合道德标准。研究表明，公平的程序能够减轻不利结果的负面影响，学者称之为“公平过程效应”。

为证明这一点，可以用战略规划举例。Kim 和 Mauborgne（1991）的研究表明，当管理者认为总公司采用了公平的规划过程，那么他们将会更支持这一规划，更信任他们的领导，并更加忠诚于他们的雇主。在著名的《蓝海战略》中，Kim 和 Mauborgne 解释了出现上述现象的原因（Kim & Mauborgne，2005）。正是因为有公平的程序，才导致员工对组织在理智和情感上的认同。这一认同反过来创造了信任和承诺，从而在战略执行中建立了自愿的合作。此外，程序不公平将会促使“情感上的愤怒”，引发“不信任与怨恨”。最终，程序不公平降低了战略执行中的合作。

进一步说，程序公平对维护制度的合法性来说必不可少。当制定人事决策时，个体有可能获得某些报酬，如一个人可能得到也可能得不到晋升。按照 Tyler 和 Blader（2000）的研究结论，结果倾向性可能会影响人们对于特定决策的满意度，而程序公平影响了员工对组织整体的看法。如果员工认为程序是公平的，那么他们就会表现出更大的忠诚度，并且更愿意为实现组织最大利益而努力工作，同时不太可能背叛组织及其领导。

（3）互动公平。

从某种意义上说，互动公平也许是三个组成部分中最简单的一个。它指一个人如何对待其他人。判断一个人是否互动公平，需要根据他是否恰当地分享了信息，并避免使用粗暴或冷酷的言论。换言之，互动公平包括两方面内容（Colquitt et al.，2001），第一部分有时被称为信息公平，指一个人是否值得信任，并能在事情进行不顺利的时候给予充分的解释。第二部分可以被称为人际公平，指一个人对待他人采取了尊敬和尊重的态度，如表 2.1 所示。

由于互动公平强调的是人与人之间一对一地交往，因此，员工通常追求他们及其上司之间的互动公平，这对于组织来说是一个机会。Skarlicki 和 Latham（1996）在实验研究中训练工会领袖表现得更为公平。这些领袖被教导要对员工的汇报提供解释和道歉（信息公平），礼貌并尊重地对待员工的汇报（人际公平）。当工作小组接受测试三个月之后，那些向经过训练的领袖汇报的员工相对于向没有经过训练的领袖汇报的员工，表现出了更多有益的组织公民行为。

2.2.3 三个公平感知的作用差异

分配、程序和互动公平之间是相互关联的。它们可以被看作总体公平感知的三个组成部分（Ambrose & Arnaud，2005；Ambrose & Schminke，2007），并且三者共同发挥作用。然而，三者也是具有显著区别的，尤其是旨在提升工作场所的公平时，分别详细地考虑这三个组成部分是十分有益的（Cropanzano et al. , 2002）。原因是每种公平感知的产生方式是不同的，即各自产生于不同的管理行为，作用的对象也是不同的。具体说来，分配公平与程序公平和互动公平相比，更多地与具体分配结果相关联，而较少与组织或管理者相关联；而程序公平是决策制定过程中的结构特征，如与建言相关联、与评价指标的合理化相关联。它与分配公平相比，更适用于预测员工对组织整体、高层管理者及人力资源系统的反应；而互动公平涉及个体之间的人际交往质量。根据Brockner和Wiesenfeld（1996）的研究，互动公平发生的条件包括决策制定者尊重员工个体，并向下属提供清晰的解释。与分配公平和程序公平相比，互动公平能够更为有效地预测员工对领导者的反应，以及对即时工作环境的反应。由此可见，组织公平三个组成部分所发挥作用的对象和产生条件各不相同，因此，在进行分析时要注意区分它们的前因变量及后果变量的不同。

根据社会交换理论，员工在工作场所的两大交换对象，一是作为整体的组织，二是作为个体的管理者（Cropanzano et al. , 2002）。分配公平是对所得结果的公平感受，如在绩效评价的情境下，分配公平就与具体的评价和加薪结果密切相关。与程序公平和互动公平相比，分配公平更多地与具体结果的反应相关联，而较少地与员工对组织或管理者的反应相关联（Korsgaard & Roberson，1995）。而对于后两种公平感知，有学者证明程序公平与互动公平对员工产出的影响作用是不同的。具体来说，由于正式程序是由组织建立的，因此，程序公平与组织整体关系最大，当员工感知到这些程序是公平的时，他们对组织相应的回报就是对整个组织更加积极的态度（Masterson et al. , 2000），即程序公平通过与组织整体的社会交换关系影响了与组织相关的产出指标，如员工的组织支持感和组织承诺等；而由于互动公平通常是在个体的工作团队实现的，员工最常交换的对象是其主管，因此，当感知到互动公平时，员工相应的回报就是对主管的社会交换，从而实现了二者关系的改善，即互动公平通过与主管的交换关系作用于与主管相关的产出指标，如员工对主管的承诺与任务绩效等（Cropanzano et al. , 2002；Masterson et al. , 2000；Rupp & Cropanzano，2002）。

2.2.4 组织公平理论研究

（1）主效应模型。

McFarlin 和 Sweeney（1992）研究了分配公平与程序公平对工作产出的影响。结果发现分配公平对于工作满意度与薪酬满意度的预测作用高于程序公平，而程序公平则对于组织承诺与下属员工对其主管的评价两个变量具有更强的预测作用，二者对于组织层面的产出具有交互作用。

Moorman、Blakely 和 Niehoff（1998）验证了程序公平与组织公民行为之间的关系，结果表明，程序公平对组织公民行为的作用完全通过组织支持感知（Perceived Organizational Support，POS）来实现。

Brockner 等（2000）认为程序公平感知与结果的有利性交互影响了员工对社会交换的反应。当结果更有利于员工时，他会更倾向于回报以积极的反应，但这一关系在程序公平感知较高时被削弱，即二者的交互关系是此消彼长的关系。

Masterson 等（2000）基于社会交换对象的不同层面对组织公平与工作产出之间的关系进行了研究。结果表明，互动公平感知通过领导成员交换（Leader-Member Exchange，LMX）影响了与主管相关的工作产出；程序公平感知则通过组织支持感影响了与组织相关的工作产出。

Aryee、Budhwar 和 Chen（2002）研究了组织公平与工作产出之间的关系，以信任作为中介变量。前者结论表明，员工对组织的信任在分配公平、程序公平与工作满意度、离职倾向、组织承诺关系之间发挥了部分中介作用，在互动公平与这些态度变量之间发挥了部分中介作用。与之相反，员工对主管的信任能够完全解释互动公平与任务绩效、组织公民行为等行为变量之间的关系。这一研究再次验证了组织公平三个组成部分的不同作用，以及工作产出的态度与行为变量之间区分的必要性。其他学者也做过类似研究，分别验证了组织支持感知与心理契约破裂的中介作用（Loi et al.，2006；Rupp & Cropanzano，2002；Tekleab et al.，2005；Wong et al.，2006）。

Begley、Lee 和 Hui（2006）则研究了组织公平与工作产出之间关系的调节作用——组织层级的影响。结果表明，在较低层级中，程序公平发挥了较大作用，而在较高层级则是以结果为导向的分配公平起到了更重要的作用。

Erdogan、Liden 和 Kraimer（2006）验证了组织文化对公平感知与领导成员交换之间关系的影响。尊重他人强化了互动公平与领导成员交换关系，而团队导向则弱化了这一关系。此外，进取精神强化了分配公平和领导成员交换之间的关系，团队导向起到了削弱作用。

（2）缓冲效应模型。

Niehoff 和 Moorman（1993）研究了监督方式与组织公民行为之间的关系。研究结果证明了他们的两个假设：第一，三种领导监督方式对组织公民行为起到了消极的负面作用；第二，监督方式通过收集无偏私的信息，促进了员工的公平感知，从而改善了组织公民行为。该研究验证了公平感知的重要作用，即领导监督方式是需要重点关注的环节。

Pillai、Schriesheim 和 Williams（1999）检验了变革型领导与交易型领导风格对工作产出（包括工作满意度、组织承诺与组织公民行为）的影响，并验证了程序公平与信任所起到的中介作用。

Chen、Chen 和 Xin（2004）验证了中国情境下的关系对员工信任的影响，结果表明，拉关系的现象通过降低员工的程序公平感知降低了员工对管理层的信任。

Tangirala 和 Ramanujam（2008）研究了组织程序公平氛围对员工沉默的影响。结果表明，导致员工沉默的个人因素（工作小组认同、职业承诺度等）会受到程序公平的调节，当程序公平氛围越高时，这些因素对员工沉默的影响越大。

Zhang 和 Agarwal（2009）验证了组织公平对人力资源实践（授权、心理契约实现和沟通）预测工作产出的解释作用。具体来说，授权通过分配公平感知发挥作用，心理契约通过分配公平与程序公平感知发挥作用，而沟通则通过程序公平和互动公平作用于工作产出。

Holtz 和 Harold（2010）的研究结果表明，与公平相关的价值观影响了员工不公平感知所带来的工作场所偏离行为。即当员工具有较强的互动公平价值观或公平导向时，即使感知到不公平，也不会倾向于做出偏离工作的行为。

近年来，国内学者对组织公平感知的研究也有所拓展。何轩和陈文婷（2008）从分配公平、程序公平和互动公平三方面入手，阐述了家族雇员不公平的问题及其所造成的负面影响。刘彧彧、丁国林和严肃（2010）在研究中指出，提高员工的组织公平感知能够减少低质量领导成员交换关系所带来的不良影响，此外，增强组织沟通开放程度能够增强组织公平感知，削弱低质量领导成员关系对组织公平的不利影响。刘衡和李西垚（2010）研究了研发团队公平感知对企业创新的影响，并考察了变革型领导和交易型领导对二者关系的调节作用。武志伟和陈莹（2011）将组织间关系的公平性引入企业间合作关系的研究，验证了关系公平性对合作绩效的正向影响。

2.2.5 现有研究总结

根据以上分析可知，对于组织公平的研究目前存在一些不足，值得在未来研究中进行深入探索：

第一，目前对于组织公平的研究，尽管不乏对于整体组织公平感知效用的研究，但是仍然缺少详细探讨各个组成部分所发挥的不同作用，即没有区分分配公平、程序公平及互动公平的不同影响，进而缺乏对组织公平内部组成部分作用体系的探讨。

第二，对于组织公平主效应的研究得到了较为广泛的关注，但对其缓冲效应模型的探究仍显不足。

第三，对于组织公平效用的条件性因素的探究仍显不足，尤其对于中国文化价值观变量对员工组织公平感知的影响缺少足够的关注。

针对以上问题，本书将深入分析组织公平三个主要成分对工作产出的不同影响，同时探究组织公平的缓冲效应模型与条件性因素。

2.3 组织公平与工作产出

以往研究表明，员工的程序公平感知影响了他们的工作满意度和组织承诺；互动公平影响了领导成员关系等。类似地，雇员对分配公平的感知影响了他们的薪酬满意度，其为与社会比较过程的结果（McFarlin & Sweeney，1992）。组织公平的影响体现在不同方面，包括对信任和承诺度的影响、对工作绩效的提高、促进公民行为、提高顾客满意度、减少冲突等（Cropanzano et al.，2007）。

2.3.1 组织公平建立了信任和承诺

研究证明分配公平也能预测员工的信任与承诺度（James，2010）。Colquitt 等（2001）的研究发现，公平的三个组成部分，即分配公平、程序公平和互动公平都能够预测信任。例如，程序公平感知与信任之间的关联系数高达 0.6。类似地，得到公平对待的员工对其雇主具有更高的承诺度（Wong et al.，2006）。尽管在测量公平方面存在差异，但是另一项研究发现，公平感知与情感承诺之间的相关系数介于 0.37～0.43（Cohen-Charash & Spector，2001）。

2.3.2 组织公平提高了员工绩效

员工绩效指正式的工作职责，由组织机构分派，并通过绩效考核过程评估（Organ，1988）。工作场所公平提高了员工履行工作职责的有效性（Colquitt et al.，2001），但是这一结论常见于实地考察，而较少发生于实验室（Cohen-Charash & Spector，2001）。在 Melvin J. Lerner（2003）的研究下，公平的影响作用通常在真实生活中最为明显。部分原因是随着时间的推移，公平能够建立起紧密的人际关系。在两个研究中，Cropanzano 等（2002）及 Rupp 和 Cropanzano（2002）研究了领导者是否会为其下属提供互动公平。当提供互动公平时，领导与下属之间的关系质量更高，而这种关系又会激励员工提高员工绩效。管理者担心公平的薪水和分配过程会耗费大量的金钱和时间，但是组织公平可以起到振奋人心的作用，而上述成本可以通过更高的生产力得以抵消。Devonish 和 Greenidge（2010）研究了组织公平对关系绩效、任务绩效和不良工作行为的影响，结果表明，分配公平、程序公平和互动公平显著增加了任务绩效和关系绩效，同时显著减少了员工的不良行为，这些关系都受员工情绪智力的调节。

尽管许多研究都提供了大量证据证明组织公平感知的一个主要结果就是员工绩效，但是仍然缺少对于个人文化价值观在其中发挥作用的验证（Colquitt et al.，2001；Jaclyn & Donald，2005），尤其是中国情境下的个人特质变量。

2.3.3 组织公平促进了组织公民行为

组织公民行为是雇员超越雇员职责的行为（Organ，1988）。一些研究发现，得到公平对待的员工更可能遵守组织政策、表现出额外的自觉性和利他行为（Cohen-Charash & Spector，2001）。事实上，员工会对那些公平对待他们的人表现出组织公民行为，而不是那些没有公平对待他们的人。

这一点在临时员工身上体现得更为明显。在一个有趣的研究中，Liden 等（2003）调查了被职业中介分配到财富 500 强制造业企业的临时员工，他们发现，员工对组织的公民行为是由组织（雇用他们的制造业企业）对待员工的程序公平决定的。得到公平对待的临时工人表现出了更多的组织公民行为。然而，这些员工从职业中介感受到的程序公平，并没有促进他们在受雇的制造业企业的组织公民行为。换言之，个体对程序公平的回报是努力工作，但是他们只对那些首先公平对待他们的组织作出回报。制造业企业没有从临时中介提供给临时员工的程序公平中获益，如果想要获益，必须亲力亲为地提供组织公平。

此外，Farh 等学者结合中国特殊文化环境，研究了组织公民行为与西方国家的不同，并验证了组织公平对组织公民行为和员工绩效的影响，认为组织公平与员工行为之间的关系受中国文化传统性的调节（Farh et al.，1997；Farh et al.，2007）。

2.3.4 组织公平提升了满意度和忠诚度

公平激励下产生的雇员组织公民行为，如利他行为，与雇员的顾客服务导向行为相似，如帮助他人并倾听他们的需要。在此基础上，Bowen、Gilliland 和 Folger（1999）认为公平地对待员工能够使组织公民行为溢出，从而影响顾客。这一公平的薪水使得顾客感到被恰当地对待，从而提升了顾客满意度和忠诚度。这些内外部关系的类型已经在 Masterson（2001）及 Maxham 和 Netemyer（2003）的研究中得到了验证。例如，Masterson（2001）向大学教师询问他们是如何被组织对待的。当教师们感到自己得到了分配与程序公平时，他们表现出了更高的组织承诺。这一承诺度反过来改善了学生对教师的态度。顾客忠诚度的小幅提高能够转化为更大的盈利能力，因此，这些都是非常有力的影响。

2.3.5 现有研究总结

由以上内容可知，作为社会交换关系研究中工作产出的重要前因变量之一，组织公平感知与工作产出之间的关系已经得到了学者的关注，但目前的研究仍存在如下问题：

首先，对于组织公平与工作产出之间的关系，多为主效应模型的研究，即二者之间的直接关系，而较少探究缓冲效应模型，挖掘二者关系的中介变量和作用桥梁。

其次，对于组织公平所发挥效用的条件，缺乏具体文化情境的考察。近年来，越来越多的研究开始质疑社会交换理论的普适性，质疑该理论能否解释雇员的态度和行为（Brockner et al.，2000），尤其是传统中国情境下的员工（Lam et al.，2002；Lee et al.，2000；Westwood et al.，2004）。社会交换理论描述的是这样一系列交互作用，即社会交换伙伴之间相互依存，并根据对方的行为而行动，从而产生相应的义务，并有可能由此发展出高质量的关系（Cropanzano & Mitchell，2005）。在多数基于美国文化的研究中，社会交换理论都得到了很好的支持（Rhoades & Eisenberger，2002）。至于组织公平与员工工作产出之间的关系在美国本土环境之外的研究仍不多见，尤其像中国这种与美国文化具有明显差别的国家（Farh et al.，2007）。

针对以上问题，本书将深入分析组织公平三个主要成分对员工建言和工作产出的不同影响，同时验证员工建言是否在组织公平及其各成分与工作产出之间发挥了中介作用。此外，要探究上述关系的条件性因素，即中国文化传统性变量的调节作用。

2.4 员工建言

“员工建言”这一用语近年来在人力资源管理领域的使用越来越广泛。即使在小型组织中，如东波士顿储蓄银行也已经发展了正式与非正式的项目，以确保管理者了解员工关心的问题，同时，员工也明确地知道管理者会倾听他们关心的问题。在较为大型的组织中，如敦豪快递公司则设立了多种项目以保证提供员工发表看法的机会，并且培训管理者如何回应员工提出的意见（Hirschman，2008）。为员工提供建言机制也可以形成雇主独一无二的竞争优势。那些拥有建言机会的员工可能降低他们组建工会的动机（Lewin & Mitchell，1992），同时不太可能退出组织（Spencer，1986）。尽管如此，实践家与学者经常使用其他词汇代表员工建言，如员工参与或员工授权等（participation，engagement，involvement or empowerment），但是并没有提取出统一的概念定义或在实践应用中加以区分。

因此，一个核心的问题在于，员工建言是一个宽泛的词汇，包含众多学者在不同领域给出的不同定义（Budd et al.，2010；Dietz et al.，2009；Poole，1986；Sashkin，1976；Strauss，2006），包括政治学、心理学、法学及产业关系学科等，这些定义各不相同，又与其他词汇相互重叠（Wilkinson et al.，2010）。因此，来自不同学科传统的学者似乎对其他领域在建言方面所做的研究知之甚少。也许对于建言最好的说明应该追溯到1970年Hirschman的经典之作，Hirschman在组织如何应对衰退的情境下，采用具体的方式将建言进行了概念化，但自此以后这一概念就被应用到了不同的情景下。他对于建言的定义是：“在面对不满事态的情况下，无论如何都会采取改变现状而不是逃避的方式。”因而提供建言的作用在于获得情况的普遍改善。但是如果降低了退出行为，那么将迫使不满的员工在组织内部采取行动，从而使得建言更具效力。

建言不同于批评，目标在于改进（Dyne & LePine，1998），尽管可能在短期引起矛盾和冲突。建言也不同于抱怨，因为后者属于情绪上的发泄，目的不在于改进或解决问题。同时，建言还有别于检举（whistle-blowing），因为检举是揭露不道德的行为。与此同时，诸多研究表明，建言行为是多维度构念，从对象上可以分为指向同事与指向领导的建言（speaking up，Liu et al.，2010）；从目的上看，可以分为满足群众利益（considerate voice）与满足自己利益的建言（Hagedoorn et al.，1999）；从内容上看，可以分为循规蹈矩与大胆创新的建言（Janssen et al.，1998）。

2.4.1 员工建言的定义与形式

（1）各学科领域对建言的定义。

员工建言是一个定义十分广泛的用语，许多学者对其进行了不同的定义（Dietz et al.，2009；Poole，1986；Sashkin，1976；Strauss，2006）。这些定义的区别在不同学科领域体现得更为明显，政治学、心理学、法学、管理学和劳资关系领域对雇员参与、建言及其他相互重叠的词汇，如工作卷入（involvement）、授权和民主等（Wilkinson & Fay，2011）的定义各不相同。

Marchington 和 Wilkinson（2005）认为雇员参与可以被划分为直接沟通、与上级解决问题及代表权参与三种形式。前两种参与形式实质上是直接与个人相关的，通常通过管理者或一线管理者同其员工面对面的互动表现出来，包括非正式的口头参与及更为正式的书面信息或建言等；第三种形式则关注雇员或工会代表在与雇主谈判时所发挥的作用，主要机制包括共同协商、职工董事或集体谈判等。重要的是，这些形式反映了如何分配组织内部权力与影响的主要问题，以及国家对于雇佣关系法律框架的制定问题。同时引发了关于财务利益如何分配、由谁来制定分配规则及财务与经济环境如何影响这些决策的问题。

对于这些话题的讨论由来已久。公元 1 世纪的古罗马农场主 Columella

就曾向他的奴隶征询意见，因为他认为“当询问并遵循他们（奴隶们）的意见时，他们就会更愿意从事这项工作”（Columella，1941）。德国议会早在1848年就曾考虑成立工人委员会，1905年首次提出成立工人委员会的是对战争敏感的煤炭行业，目的在于缓和劳资双方的冲突（Müller-Jentsch，2008）。20世纪早期，英国的Sidney、Beatrice Webb，美国的John R. Commons，以及其他劳资关系领域的学术奠基人纷纷强调了产业民主与集体谈判的主题，因为他们认为雇员的发言权不可忽视（Bruce，2004）。20世纪20年代中期，美国雇主已经创立了400多项雇员代表权计划，覆盖了逾百万的工人；10年之后，全国劳动关系法案（National Labor Relations Act）的颁布鼓励成立独立的工会，并作为员工发言权合法化的唯一途径（Bernstein，1960）。然而，工会的萧条使得人们更加致力于发展其他的参与权与建言形式，其中一些与早期根植于产业民主的参与权概念存在很大的区别。

对于员工个体的建言研究多数应用了Hirschman（1970）提出的“退出—建言—忠诚”理论框架，该理论认为员工的不满可以通过退出（辞职）或抱怨的形式表达出来。该研究将员工建言与工会的存在紧密地联系起来。在个体层面，“退出—建言”模型则推断加入工会的员工个体不太可能选择退出组织，因为工会的申诉程序为他们提供了一个建言机制（Freeman，2006），同时员工的忠诚度影响了他们在退出与建言之间的选择（Boroff & Lewin，1997）。在组织层面，Freeman（2006）认为工会不仅提供了员工建言的机会，而且这种集体的多数决策在经济上要优于退出与个体建言。因此，传统的早期研究主要分析工会影响薪酬、福利和生产力的程度，另一个潜在主题则是研究建言的作用机制。

同样地，人力资源管理领域的学者也十分认同员工参与和建言的重要性，然而他们通常关注的是如何使员工利用技能与知识，从而更有效地为组织贡献力量。因此，对于参与权的特征多数定义为高度承诺的人力资源管理。Handel和Levine（2004）在研究综述中指出，员工参与能够“提高组织产出，前提是这项改革是严肃认真的”。然而，尽管由于业务要求可能需要更多的员工建言和参与，但是这些仍然根植于产业公民和组织民主的概念（Harrison & Freeman，2004）。此外，这些概念更深层的理论背景在于自由言论和人类尊严，其支持性的论据通常表现在政治、道德和宗教等方面（Budd，2004）。然而，关于员工参与对工人福利影响的实证研究结果各异（Handel & Levine，2004）。

尽管员工建言与参与的历史源远流长，但是近年来，学者、实践家和政策制定者对于员工建言和参与权的兴趣从未减弱，反而始终在增长（Budd et al.，2010）。对于雇主来说，大规模生产时代的崩溃瓦解，要求组织采取能够保证灵活性和质量的高绩效工作实践，因此，他们尝试各种方法，分享信息并向雇员咨询，同时将雇员纳入工作场所的决策制定，并征求他们的意见（Boxall & Purcell，2008）。此外，全球工会会员人数的普遍下降为建言机制的其他形式提供了机会，同时引发了关于是否需要工会建言和扶持性公共政策的新一轮争论。

这些发展在很大程度上拓宽了组织员工建言和参与权的研究范畴。目前，对于员工建言的重新定义正逐渐跳出表达不满的“退出—建言”框架（Dundon et al.，2004）。在回顾了多种定义之后，Dundon 等（2004）总结出了四种不同的建言表现形式：第一，建言可以被表达为个体对具体管理问题的不满；第二，建言可以是一种集体表达，是一种对抗资方的力量来源（如工会）；第三，一些建言机制可以对管理决策做出贡献，并主要关注如何改善效率和生产力（通常与高度参与的管理、高承诺动机联系在一起）；第四，另一种员工建言可以表达为共同利益，即劳资双方的一种合作伙伴关系，目的在于确保组织及其员工的长期生存能力和持续性。总之，工作场所中对于建言的应用与基本原理可能来源于经济、道德伦理或实用主义等理论背景。因此，可以提炼出两个关于建言的重要问题：第一，雇主制定的组织规章制度中是如何体现员工建言的；第二，员工建言、满意度及其所感知的有效性之间存在何种关系。

从建言的诸多定义中，可以总结性地将其视为一种“发言”机会，这是多数定义中的核心内容（Freeman et al.，2007；Marchington，2008）。但是正如 Strauss（2006）指出的，建言相对于其他词汇来说（参与权）在表达上略显不足，原因是它没有体现出影响力，也许仅是一句空洞的口号。建言是参与权的必要条件，但其本身不能导致参与权的发生。因此，建言具有多重含义，可以用不同的方式解读，如将其看作对抗管理者行为的力量来源，或是部分体现了一种共同获利的过程（Dundon et al.，2004）。

但是比命名更重要的是什么样的建言的具体实践形式才是对行为者有意义的，即这些方案是否能够提高组织有效性和员工福利，不同的实践形式在多大程度上能够允许工人在组织决策中占有一定发言权。这些都取决于建言的实践到底是只跟随流行还是真正地嵌入组织（Cox et al.，2006）。显然，通过参与实现的员工建言形式的决策范围、工人能够借此施加于管理的影响程度及在哪个组织层级上做决策都是不同的。一些形式的目的在于分配给员工建言，但是在决策制定中发挥了十分温和的作用，而其他形式则在组织治理中给予雇员更为有力的建言地位。

从以上众多关于员工建言的文献中可以找出四种分析线索：

第一条主线是人力资源管理领域对绩效的关注。他们认为允许员工介入工作与组织决策，能够提高决策质量，促进理解，从而提高组织承诺（Boxall & Purcell，2008）。这在许多有关高绩效文献中都有所提及，建言被认为是创造组织承诺的关键因素，同时与目前所讨论的工作投入密切相关（Lewin & Mitchell，1992；Pfeffer，1998）。这些不同的论点为管理员工参与提供了清晰的借鉴意义。如等级制度与顺从的遵守规则，并不适用于那些可以自由支配努力程度的员工。一项研究表明（Wilkinson et al.，2004），员工建言可以在三个方面发挥积极作用：第一，重视员工的贡献可以改善员工的态度与行为、忠诚度、承诺，以及发展出更为合作的关系；第二，建言可以提高绩效，包括总体生产力的提高，以及通过降低缺勤率和提高团队合作而改善的个人绩效；第三，建言能够通过了解员工的想法、知识、经验及促进信息的传播，从而改善管理体系的运行。

Royer等（2008）指出，将员工视为组织的利益相关者能够产生类似的结果。员工基于组织环境积累了重要的人力资本并投资于组织，同时像股东一样获得了建言权利，组织为这些员工提供建言机会与渠道，使得他们在未来对组织投入更多的情感与人力资本，从而产生Wilkinson等学者指出的相同的结果。

目前的企业状况分为两种，一是组织需要通过高增值业务走高端路线；二是不得不争夺那些面临转移海外危险的低附加值工作（Handel & Levine，2004）。正如 Strauss（2006）所观察到的，员工建言“为组织的核心问题，即如何既满足工人需要，又能实现组织目标，提供一个双赢的解决方案”。然而，理论与实践有可能产生背离（Harley et al.，2005）。此外，这一研究主线的主要目的反映了管理者的方案，涉及提高员工的理解和承诺，并促进他们对组织的贡献。因此，尽管一些形式可能为员工提供了提高其影响力的渠道，但是促进员工建言并没有涉及任何法律上的权利或力量分享。因此，建言与决策制定之间并不存在必然的联系。实际上，有可能出现空洞的建言形式（Kaufman & Taras，2010）。

第二条主线来自政治学，将建言视为一系列权利（又称话语权，Budd，2004），并与工业公民权概念（industrial citizenship）或民主人文主义（democratic humanism）联系在一起。工业民主（industrial democracy）这一概念（来源于工业公民权）将参与权视为工人的基本民主权利，它使得工人扩大了在管理决策制定上的控制程度。近年来，学者开始使用组织民主（organizational democracy）这一术语（Harrison & Freeman，2004），这与自由言论和人性尊严不无联系（Budd，2004）。其研究的论点在于：工作场所的民主允许工人发展技术、创造价值，从而在更广泛的社会情境中发挥作用（Foley & Polyani，2006）。

第三条主线来源于劳资关系文献，与第二条主线有共同之处，都将建言视为一种代表权（并且是强大的工会代表发言权）。该领域中对于建言的普遍定义来自 Freeman 和 Medoff（1984）的研究，他们认为同时赋予企业与劳动者建言机制发挥了良好的作用，包括劳资双方目标一致性与冲突性的影响：一方面，员工建言可以提高质量与生产率；另一方面，可能识别并解决组织存在的问题（Gollan & Wilkinson，2007）。由于工会的独立性，它被视为唯一并且最佳的发言权代表机制。该领域的另一种观点在关注代表权之外，还考虑了非工会形式的发言权机制。因此，已经有大量文献研究了非工会的雇员代表权及其有效性（Kaufman & Taras，2010）。关于工人逐渐丧失发言权的争论最初起源于工会的衰退，但这并不意味着工人对于建言的需要有所降低。在许多欧洲国家，政府在自愿集体谈判上扮演了更为积极的角色。如法国成立了法定选举的工人委员会，德国出现了共决制下的工人委员会体系与职工董事。尽管公共政策领域的研究较为宽泛，但是建言的作用已经不仅限于提供塑造员工心理与经济福利的竞争力，而是已经影响了家庭健康及国家民主进程的发展等（Budd & Zagelmeyer，2010）。

第四条主线根植于组织行为学，与工作群体获取更大的控制权，即任务自治息息相关。创建半自主的工作群体，现在被称为工作团队或自主管理团队，使得员工有权发表对于分配任务、安排进程、监督出勤、健康与安全问题、生产进程与速度，甚至设定改善目标等方面的意见（Wall & Martin，1987）。同时，这类工作团队还对招聘与培训及控制加班程度等问题负责。它们在技术和方法等问题上都具有自由裁定权（通过团队的知识解决问题）。这些实践对于解决工作退化和员工的异化问题发挥了重要作用（Proctor & Mueller，2000），其中许多方案是20世纪60—70年代一系列工作心理学试验中的部分结果（塔维斯托克研究所在美国和瑞典实施的工作生活质量项目；Berggren，1993）。

表2.2列出了以上四类研究主线对建言的代表形式，包括各自的方案、关注点、载体形式和基本思想（Wilkinson & Fay，2011）。

表2.2　理论范式的总结

文献主线	方案	关注点	载体形式	基本思想
人力资源管理	简报、随访随谈、建言计划	绩效	个人	追求效率
政治学	工人参与董事会	参与决策	雇员代表	民主权利
劳资关系	集体谈判、工人委员会、社会伙伴、非工会雇员代表制	权力、控制	劳资关系各方代表	各方力量抗衡
组织行为学	团队、群体	工作再设计	个体与群体	自治与人性需要

资料来源：Wilkinson A，Fay C. New times for employee voice?［J］. Human Resource Management，2011，50（1）：68。

尽管如此，许多建言机制都被证明是无效的（Harlos，2001）。近来的研究将目光转向了建言的对立面，即员工沉默，并将其定义为一个促使员工“隐瞒或表达与工作改进相关的思想、信息以及看法的动机”（Dyne et al.，2003）。有研究探究了组织中员工表达看法或选择沉默的时机与形式（Milliken et al.，2003）。这一思路的重点在于被研究员工刻意地隐瞒想法、信息及对工作和组织改进的看法（Dyne et al.，2003）。同样地，管理者可以通过设置议程来维持在一系列问题上的建言。尽管监管条例和法律可能迫使管理方采取他们本可能忽视的措施（Marchington et al.，2001），但是管理方仍然可能保留一些选择权，至少可以决定是否保存工作场所层面的建言（Willman et al.，2006）。

（2）员工建言的不同形式。

尽管文献综述对建言的描述各异，但是实践中存在许多重叠之处。一些直接建言形式与其他技术重合，如建言方案、质量圈或咨询论坛。在欧洲，集体参与在一些国家仍然很重要，尤其是德国和瑞典。一个关键问题是直接建言与间接建言是如何并存的，它们互补和相互冲突的程度有多大（Purcell & Georgiadis，2006）。此外，对于建言的需要和情景也随着工会的衰退有所改变。正如 Freeman 等（2007）所说：“质量圈与其他分组解决问题的形式在英美世界已经极为普遍。这些由管理方驱动的员工参与形式的目的在于满足雇主提高生产力和灵活性的需要。然而数据显示，其还不断满足了工人参与与其直接相关事务决策的需要。”

越来越多的研究表明，雇主可以建立许多建言形式，同时员工也希望拥有多种表达渠道。同样地，尽管涉及建言机制问题，但是许多数据表明，雇主在展现组织历史方面设置了许多专案做法，而没有建立一个恰到好处的员工建言策略。因此，不是每个工作场所都提供了建言渠道，同时建言在结构和效能上也可能十分脆弱。Pyman 等（2006）指出，关键的问题在于建立多种建言渠道而不是一种。此外，他们探究了各种建言渠道相互补充的形式及原因，并研究了多种渠道可持续性的条件。该研究的结果说明，多种建言形式的互动与共存、制度安排的多元化对于雇员来说，是实现组织目标最有效、最合理的方式。因此，单从建言方案的表面来看，很难判断实施过程的质量。

不同国家提供建言的形式也多种多样（Lansbury & Wailes，2008）。欧洲国家的政府政策与立法为特定领域提供了法定的建言机制，其中涵盖了成立工会与未成立工会的组织。其他国家，包括美国和澳大利亚，则将关注点更多地放在了雇主与工会成立各自组织的偏好上。在许多组织中，都出现了直接与间接建言机制的结合。同时有必要注意的是，如果将员工建言定位在社会范畴，就要从完全不同的角度看待它所带来的益处。因此，在自由市场经济下，无论是在组织、顾客服务、产品质量，还是在留住员工等方面，建言都被视为一种实现利润与股东价值的努力。工作满意度、员工承诺、与组织目标是否一致等指标通常被视为衡量建言机制是否成功的标准，但是它们本身可能并不能说明建言在基层的效力或对管理特权的巩固作用。在协调的市场经济下，关注更为长期的利益，同时考虑各个利益相关者的利益，包括政府、雇主、工会和员工，重点关注的是高层机构的代表权形式，换句话说，在这些情境中，各机构更期望实现共同利益，无论是在雇佣个体的组织中，还是更广泛的公民与长期社会凝聚力等方面（Wilkinson & Fay，2011）。正如 Budd 和 Zagelmeyer（2010）提醒我们的一样，建言并不一定只关乎个人，也并不只是简单地为了提高经济绩效。

以员工建言为中心的高绩效工作体系将管理学和行为学学者带入了建言的研究领域，并提高了出于个人与组织利益理解建言和绩效之间关系的重要性（Boxall & Purcell，2008）。工会会员人数的下降与工会的失效重新引发了人们对于建言根本重要性的兴趣和关注（Budd，2004），也促使人们开始研究雇员所需要和期望的建言形式（Freeman et al.，2007）及所需的支持各种建言形式的公共政策（Befort & Budd，2009）。非工会化的建言机制引发了对于其他形式建言的运作及合法性争论。因此，对于员工建言和参与权的研究从早期的制度层面扩展到了主流的行为与战略层面（Dundon et al.，2004）。

2.4.2 员工建言的影响因素与效用

对于建言的影响因素和效用，以往研究主要关注的是建言行为这一变量。建言行为的形成机制包括三个层面：一是个体影响，包括人口统计变量（Farrell & Rusbult，1985）、个性（LePine & Van Dyne，2001）、认知风格（Janssen et al.，1998）、个人控制（Tangirala & Ramanujam，2008）等。二是领导影响，主要通过员工对领导及其关系的心理感知或认同感影响建言（Detert & Burris，2007；Liu et al.，2010），包括领导成员交换关系（Burris et al.，2008；Van Dyne & Joireman，2008）、领导管理开放性（Detert & Burris，2007）、变革型领导（transformational leadership，Liu et al.，2010）等因素。三是组织影响，包括组织承诺、团队构成特征（Dyne & LePine，1998）、心理契约、组织公平（Hagedoorn et al.，1999；Turnley & Feldman，1999）与组织创新氛围等因素（Choi，2007）。何轩（2010）研究了员工知而不言的原因，发现员工建言行为和相对的沉默行为会同时受个人、主管、组织因素的影响，包括心理安全感、对主管的信任及组织的公平氛围。

（1）个体因素。

Rusbult 等（1988）的研究得出了年轻而教育程度高的员工更倾向于建言的结论。此外，有学者对员工的认知风格对建言行为的影响进行了验证（Janssen et al.，1998），认为创新型员工（innovator）更可能提出新颖的建言，而适应型员工（adaptor）则更可能提出常规性的建言。LePine 和 Van Dyne（2001）探究了大五人格与建言行为之间的关系，结果表明：外向、责任心强的员工更倾向于建言；而情绪不稳定、容易从众的员工则相对较少建言。国内学者段锦云（2007）的研究进一步支持了这一结论。Tangirala 和 Ramanujam（2008）将个人控制（personal control）作为建言行为的影响因素，即员工工作的自主性和影响力，验证了其与建言行为的“U”形关系：在个人控制低时，员工建言的原因是对工作的不满；在个人控制高时，建言的原因是出于员工的期望效用；而当个人控制处于中等水平时，建言行为达到最低值。

（2）情境因素。

建言行为的发生离不开具体的情境影响，且在不同的情境下建言行为表现不同。Dyne 和 LePine（1998）在研究中同时将个性和情境作为建言行为的影响因素进行研究，结论表明：当员工处于规模小的自我管理型团队中，并且本身具有较高的自尊水平、工作满意度，他们更愿意建言；而在大规模的传统管理模式下，那些自尊水平低的员工则较少建言。Zhou 和 George（2001）研究了工作满意度对员工建言影响的调节变量，结果表明：当员工从同事口中得到有用的反馈或得到同事的帮助和支持，抑或是感知到组织支持，都会与工作满意度产生交互作用，共同促进员工建言。

Hirschman（1970）指出，建言行为不只在员工不满意时发生，当员工满意时也会发生建言行为。Hagedoorn 等（1999）的研究深化了这一结论。他们认为建言可分为众利和自利两种，在员工感到工作满意时，会更多地提出众利建言，而较少提出自利建言，这不同于常规研究得出的“满意感促进建言发生”的笼统结论，同时是对该结论的深化，即员工满意时更可能促进众利式建言。Turnley 和 Feldman（1999）的研究表明：员工的心理契约违背会导致其建言行为的增加。段锦云等（2007）的研究表明：公平的组织氛围有利于促进建言行为。Liang 和 Tang（2010）从不同层次研究了员工建言的前因变量，包括个体层面的性格特质、领导层面的变革型领导、同事层面的支持关系。邓今朝（2010）的研究结果表明：在团队中，目标导向不同的团队成员，其建言行为具有差异，同时团队心理安全感在表现导向与建言行为的关系中起到正向调节效应。

（3）领导风格因素。

上级是影响建言行为的重要因素。当员工认为自己的上级能有效管理建言时，会更多地建言（Janssen et al.，1998）。广开言路、正直公平（managerial openness）等领导特质能激发员工的建言行为，而刚愎自用、心胸狭窄的领导则不利于员工建言（Detert & Burris，2007）。Burris、Detert 和 Chiaburu（2008）的研究发现，领导行为通过心理脱附（psychological detachment）抑制了建言行为，而并不通过心理依附（psychological attachment）促进建言行为。同时，情感承诺对建言行为也不存在直接影响，这一结论推翻了常规的推断。郑晓涛等（2008）在中国背景下发现，员工对领导信任会减少沉默行为，并且对领导的信任比对组织的信任具有更大的预测力，这充分说明了中国背景下领导比组织具有更强的现实影响力。由此可见，领导行为可能通过两种方式影响建言：一是员工觉得不会引起领导的反感或报复，即心理安全感（Detert & Burris，2007）；二是员工把领导视作"自己人"，"因为喜欢您才提醒您"，即通过基于社会交换的下属对上级的认同或信任（Liu et al.，2010）。此外，在研究中，Liu 等（2010）还指出，虽然建言行为的积极作用已被广泛关注，但员工愿意向谁倾诉自己的想法及其作用仍存在明显研究空白。他们认为员工建言是具有目标敏感性的，即向组织整体、主管领导和同级同事的建言应当区别对待。李锐等（2010）考察了上司支持感对员工建言行为的影响，并验证了组织心理所有权和主管信任的中介作用。吴隆增等（2011）研究了变革型领导行为对员工建言行为的影响，其中心理安全知觉和领导成员交换起到了中介作用。

（4）员工建言的效用。

Morrison 和 Milliken（2000）在研究中指出，员工建言将有利于组织变革能力的提升与在多元化社会中发展。Whiting 等（2001）发现，愿意建言的员工相对于不愿意建言的员工往往会获得更高的绩效评价，建言的作用机制可能通过互惠规范与内隐绩效等方式表现出来。建言所发挥的效用，尤其是对组织提供的建言机会的感知（Avery & Quinones，2002）会促进员工组织公平感知的产生。国内学者发现：建言可以提高员工的民主意识，发挥其主观能动性，从而提升工作控制感及自我效能感，从这一角度来讲建言是员工参与管理（management by participation）的形式之一（段锦云等，2007）；此外，接受员工的建言还有利于提高组织或管理者的判断精确性（Gino & Schweitzer，2008）。

Brockner 等（2001）的研究结果表明：当员工较少有机会建言时，会导致其工作产出降低，包括工作态度与行为，这一关系在权力距离较低的国家更为显著。

Dundon 等（2004）在文章中指出，管理者经常将员工建言当作提高效率的手段和贡献，但是很少有研究验证建言与绩效产出之间的关系，这其中留下了很大的研究空白。总体来说，员工建言最好被理解为既是由外部法规制定的一系列意义与目标，又是内部管理方的一种选择。相比之下，嵌入在组织内部的建言要比个体或集体的外部机制重要得多。

Ng 和 Feldman（2011）认为，尽管员工建言经常被看作员工得到积极待遇后的回报，但很少有研究关注员工是如何利用建言调节工作压力的。因此，他在研究中验证了压力来源与建言行为的负向关系，以及建言行为与员工绩效表现的正向关系。

Farndale 等（2011）从交换理论的视角研究员工建言问题，即员工建言感知、员工与一线管理者的关系、对高层管理者的信任与组织承诺之间的关系。假设员工建言机会的感知通过员工与一线管理者的关系及对高层管理者的信任，作用于组织承诺，这一发现支持的观点是员工将建言机会看作一种交换的商品，给予员工建言机会，他们就会回报组织承诺。该研究还指出，员工与组织之间存在两种重要关系：一种是员工与一线管理者之间的关系；另一种是员工对高层管理者的信任。从实践的角度来看，这一研究强调了提供员工建言的价值，其目的在于改善员工对组织的态度，其中一线管理者与高层管理者都发挥了重要作用。

2.4.3 现有研究总结

通过上述内容可知，关于员工建言的研究仍存在一些不足，本书将针对这些不足进行改进：

（1）相关概念的混淆。

目前学者对于几个员工建言相关概念是互换使用的，并未进行明确区分（Avery & Quiñones，2002）。例如，建言机会感知（perceived voice opportunity）、建言行为（voice behavior）、建言功效性（voice instrumentality）这几个概念就被经常混淆，它们各自独立发挥的作用也没有经过检验。在比较功效性建言与非功效性建言在评价决策中的不同作用时，Korsgaard 和 Roberson（1995）建构了测量二者的建言量表。其中测量功效性建言的题项实际上测量的是建言机会（“我感到有机会在评价过程中提出新的看法”）。除此之外，测量非功效性建言的题项则指向了建言行为（“你能在多大程度上提出改变工作方法的建言”）。因此，并不能清晰地阐明它们所要测量的构念。由于建言的文献研究充满了概念上的混乱，因此，需要进行明确的区分和整理，并各自进行检验（Derek & Miguel，2002）。

Farndale 等（2011）指出，员工建言可以从几方面进行检验：第一，是否存在促进员工建言的机制；第二，是否存在鼓励员工提出意见和想法的氛围；第三，与建言相关联的影响程度有多大，即员工的想法是否真正影响到了决策结果。Wilkinson 等（2004）的研究结果表明：员工建言体系和实践的存在不足以证明员工对这些体系的信任和信心，即建言并未构成员工长期的心理影响。因此，研究员工的建言行为、建言结果，也就是建言功效性的考虑具有重要的实践意义。缺失了对建言结果的考察，即建言是否发挥了功效、是否被组织采纳并付诸实践、是否给予了员工反馈等，这些都缺乏进一步的实证探索。

针对以上问题，本书从人力资源管理的视角在概念上定义员工建言，即将建言定义为雇员对工作场所决策提供有建设性意见的能力，同时在概念与测量上明确区分建言感知（包括对建言机会和建言效果的感知）与建言行为两个维度，并比较二者的不同。具体来说，建言机会感知是测量个体所感知的组织所提供的建言机会；建言效果感知指个体对某一决策结果的建言行为所产生影响的感知；而建言行为是个体提出的有益于任务、流程或组织的建言的行为（Hirschman，1970；Lepine & Van Dyne，1998）。

（2）缺少对建言中介作用的检验。

正如 Dundon 等（2004）所说，尽管目前对建言的理论研究十分丰富，但多停留在探究前因变量的基础上，对建言的人力资源管理绩效（HRM-performance）及其与工作产出关系的应用研究仍然十分匮乏（Wood & Wall，2007）。此外，虽然建言与员工绩效、心理感知，以及其与运营效率、产品质量和数量、组织创新似乎存在显著关系，但对上述关系进行系统分析与验证的研究仍然不多（Whiting et al.，2008）。同时，对于建言的中介作用也关注不足，Kanika 和 Mahfooz（2007）的研究证明领导成员交换通过建言影响了员工产出，并呼吁未来研究继续探讨员工建言所起到的桥梁作用。因此，本书将检验员工建言在组织公平与工作产出之间的中介作用。

（3）缺少对文化价值观的关注。

目前，关于建言的影响多以西方国家理论为主，对体现儒家文化的中国本土化各变量的影响缺乏探讨。在新的经济发展时期，由于中国文化的“集体主义”“高权力距离”“和谐导向”和“传统性”等特征，西方国家的结果并不完全适用于中国，对于建言的研究在国外转热而国内研究仍相对不足，因此，十分有必要迅速开展中国背景下建言的本土化研究，在理论与实践上提供指导（段锦云，2011）。本土化研究可以关注的问题：中国文化对建言行为具有怎样的影响，中国特定背景下建言行为构思维度是什么，中国人的传统价值观发挥了什么样的作用，等等。与此相关的研究已引起学者的关注，Brockner 等（2001）的实验研究表明：在 Hofstede 提出的文化维度中，在权力距离（power distance）大的国家（中国）员工对自己没有机会参与建言的消极反应比权力距离小的国家（美国）要小。此外，以往关于建言结构的研究多基于西方文化背景，较难嵌入中国文化。在中国这样一个崇尚儒家文化的国家，“中庸”“和谐”“礼让”等儒家思想可能会使中国背景下的建言体现出“委婉温和”“顾全大局”的特点。因此，针对以上问题，本书将考察传统性这一文化价值观变量对于员工建言的影响。

2.5 组织公平与员工建言

公平构念在最初的研究中被分为三个主要成分：分配公平、程序公平和互动公平。分配公平理论认为人们会比较自己与他人的贡献与报酬。而这一心理与他们对组织或领导的反应具有紧密的关系（Folge & Cropanzano，1998）。Hagedoorn 等（1999）的研究认为：在员工感到公平时，会更多提出众利建言，较少提出自利建言；而在受到不公平待遇时，更多地提出自利建言，以摆脱所遭遇的困境。Goldberg 等（2011）在研究中将建言、程序公平及社会认同的文献进行了整合。他们的模型体现了当人们观察到同事受到不公平对待时的反应。基于社会认同理论，该研究认为受到不公平对待的目标对象影响了观察者对他们的认同，同时受到了观察者公平定义范围的调节作用；而这种对目标对象的认同又影响了观察者对不公平的感知，以及表达看法的决策。此外，观察者对不公平的感知与发表看法之间的关系受观察者感知到的发言机会调节。研究还发现：个体或集体发表意见的决策取决于公平氛围及做出选择所要付出的成本和收益。这个新的模型说明如果一个同事受到不公平对待，那么员工个体会在什么时候选择发表意见，并且他们这样做是基于个人还是群体利益的考虑。

对于组织公平另外两个组成部分的不同作用，研究指出，互动公平更多地改善了员工与直属领导间的关系，如领导成员交换关系；而程序公平则更多地改善了员工对组织的响应和感受，如组织支持感（Masterson et al.，2000），进而促进了员工绩效和组织公民行为等产出结果。因此，区分不同公平感知的作用是有意义的。段锦云等学者（2007）研究了大五人格与组织公平感在预测员工建言行为上的交互作用。结果表明：责任感和外向性人格特质与建言行为具有正相关关系，而开放性和神经质与建言行为呈负相关关系；此外，组织公平感知显著促进了建言行为，高公平感知削弱了神经质个性对建言行为的负面影响。何轩（2010）探究了组织公平三方面对员工沉默行为的影响，发现分配公平对沉默行为存在正向影响，而程序公平则没有显著的预测作用，互动公平则与沉默行为呈负相关关系。

此外，组织公平与员工建言之间的关系和组织公平与工作产出的关系一样，受文化价值观的调节。Lam 等（2002）在研究中验证了权力距离、个人集体主义对组织公平与工作产出之间关系的影响。Farh 等学者（1997）在研究中验证了组织公平对组织公民行为的影响，但是并没有单独研究工作产出与建言变量。研究结果证明：组织公平能够促进组织公民行为的产生，但是受了文化变量的调节，包括传统性、现代性和权力距离等。Farh 等比较了传统性和现代性，以及传统性和权力距离所发挥的不同调节作用，为组织公平的跨文化研究提供了重要借鉴，并在未来研究方向中倡导继续针对中国特殊文化情境对传统性的影响做深入研究。

由此可见，基于社会交换理论，组织公平感知作为组织与主管提供给员工的良好氛围和待遇，可以解释并预测员工给予组织与主管同样良好的态度与行为表现（Cropanzano & Mitchell，2005；Tekleab & Chiaburu，2011），而员工建言就是其交换关系中来自员工一方回报的表现（Ng & Feldman，2011），因此，不难预测组织公平与建言在不同社会交换层面上的显著关系。然而，目前研究大多将组织公平与组织公民行为联系在一起，而较少单独考察公平感知对建言的影响。如段锦云等国内学者（2007）研究了组织公平对进谏行为的影响，但并没有对建言机会和建言行为加以区分，而是单独测量了建言行为，且使用了国外直译的量表。

针对上述问题，本书将从组织公平的分配公平、程序公平和互动公平三个组成部分出发，分别分析各组成部分对建言机会感知、建言效果感知及建言行为的影响，详细探讨组织公平与员工建言之间的关系，并探索影响二者关系的条件性因素，即中国文化传统价值观。

2.6 员工建言与工作产出

有研究表明：个体的表达，如建言行为通常会通过一种类似宣泄的过程促进身心健康（Pennebaker，1997）。这些建言行为的正面影响都将有利于员工对组织和主管积极态度的形成。Derek 等（2002）的研究表明，个体建言行为的功效性也能影响员工产出。如果个体看到他所表达的看法对结果没有影响，那么他也许认为这一情景并不具有程序上的公正性，并会产生“为什么决策制定者征求我的意见却只是为了无视它”的想法（Korsgaard & Roberson，1995；Lind et al.，1990；McFarlin & Sweeney，1996）。

在近两年的研究中，Harlos（2010）探究了员工建言是否能够纠正工作场所的人际虐待，以及影响建言的个人与情境因素。她从一所加拿大大学商学院毕业生中收集数据，给他们设定了一个假设的情景令其作答，数据分析结果支持纠正性建言的整合模型，其中包含人物、情景及人物与情景互动三大因素。值得注意的是，该研究发现，性别、工作自尊和相对的权力等级是决定使用正式的员工建言机制的关键因素，另外存在两个调节变量：人际虐待的发起者和受众之间的权力关系，调节了性别和纠正性建言之间的关系；同时，权力关系调节了工作自尊对纠正性建言的影响作用。这一研究着重指出了权力关系在理解员工建言上的重要性，同时验证了从社会心理学角度研究建言的重要意义。

Kim 等（2010）分析了团队建言、工人代表建言及它们的交互作用对劳动生产率的影响。特别需要注意的是，该研究关注团队对主要工作问题的影响，以及工人代表对集体建言问题的影响，而不只是评估团队或工会的存在。从全球汽车组装厂收集的数据表明：当分别单独检验时，两种建言方式对劳动生产率都没有影响。团队建言和工人代表建言对工人劳动效率的影响，取决于这些建言渠道的交互作用。这些发现质疑了传统的假设，即主张直接与间接建言都具有积极作用，因为无论何种建言自身都没有一贯地预测更高的劳动生产力。研究还表明，即使这两种建言形式结合在一起，它们与劳动效率之间的关系也是复杂的，两种建言形式可能相互阻碍，还可能相互抵消彼此对生产力的积极影响，而这一现象要比人们所预期的二者共同的加强作用更为普遍。尽管如此，两种建言形式的结合最终将对绩效和生产力起到积极影响。该研究结果强调了提高各种员工建言形式对促进积极的组织产出的重要作用。

Holland 等（2011）研究了员工建言与工作满意度之间的关系。他们验证了员工的直接建言与通过工会的间接建言对工作满意度的影响。这一关系填补了原有文献的空白，具有重要的理论与实践意义。在控制了一系列个人、工作、岗位等特征之后，回归分析的结果表明，尽管存在各种建言形式之间的互补，但是直接建言是影响工作满意度的核心因素。这一发现对于管理实践的启示在于：以往研究并没有清晰指出建言机制的互补性优势是得益于工会的，还是积极鼓励直接建言的人力资源管理实践。他们的研究发现，尽管工会与直接发言权两种形式都能够提高工作满意度，但是直接建言的形式发挥了更核心的作用。因此，人力资源管理者必须关注员工建言机制与满意度之间的关系，不仅要致力于发展高承诺、忠诚、高绩效的员工，更要设计并实施允许员工影响与任务和组织相关问题的机制。

Avery 等（2011）研究了工作年限是如何降低建言影响的。他们指出，尽管有研究证明了提供建言机会能够引发员工的积极反应，但是对建言影响工人产出的边界条件却鲜有研究。采用 Greenberger 和 Strasser（1986）的组织个体控制模型，他们假设对于具有较长组织资历的员工来说，建言对员工留在组织意愿的积极作用不太明显。因此，建言对于雇员态度的有利作用可能随着员工任期的累积而降低。

探究工人何时选择建言的传统模式是采用“退出—建言—忠诚—忽视”(EVLN，Exit-Voice-Loyalty-Neglect）模型（Farrell & Rusbult，1985）。这一模型已在西方国家得到了广泛分析与验证，而 Mellahi 等（2010）则创新性地将这一研究路线扩展到了一个新的文化背景下（印度）。此外，以往的研究发现，员工的组织承诺是影响不满员工选择退出、建言、忠诚或忽视的重要因素，然而单独关注组织承诺限制了对不同承诺类型影响员工行为的研究。该文章通过对印度的管理者进行调查分析，区分了团队承诺和组织承诺。与所预计的相反，几种承诺形式对退出都不具有直接或显著的影响。因此，笔者推断，是印度经济的增长促进了员工的高流动性，或在集体主义文化下，印度员工无论是否忠诚于组织，都可能将个人目标置于组织利益之后。他们还发现，态度承诺与使用建言具有相关关系，这与西方国家研究的结论相一致，即具有高态度承诺的员工更有可能选择建言，但是这又与高权力距离文化下对建言的看法相左。因此，未来需要更多的基于不同文化背景的研究，尤其是中国传统儒家文化，进一步探究建言的作用机制。

由此可见，员工建言对工作产出具有积极的正面影响，对此，本书分别从建言机会感知、建言效果感知及建言行为维度详细探讨员工建言与工作产出之间的关系；作为组织公平感知的结果变量，员工建言在组织公平与工作产出之间可以发挥桥梁作用（Kanika & Mahfooz，2007），即组织公平感知可以通过员工建言影响工作产出，因此，本书还将验证员工建言在组织公平与工作产出之间发挥的桥梁作用；此外，在不同文化背景下，建言的效用会发生改变，因此，本书将探索影响员工建言与工作产出之间关系的条件性因素，即中国文化传统价值观。

2.7 传统性

本书选取中国传统文化价值观作为调节组织公平与建言关系的变量，以检验在传统文化的影响下，员工感知到的公平与建言关系是否会发生变化。

2.7.1 研究背景

组织研究领域正逐渐走向国际化，由此引发了社会科学模型从一个社会环境向另一个环境的移植问题（Tsui，2004），尤其是对于那些正在经历复杂的过渡时期的社会来说更是如此，它们的体制规则、社会规范和价值观都涉及可移植性问题。一个典型的例子就是中国在加入世界贸易组织之后，中国劳动力的价值观逐渐变得多元化，并受到了强大的国际文化的影响，包括传统的中国人和更为发达经济社会中的劳动力（Ralston et al.，1999）。这一价值观的多样化对中国来说是一种挑战，组织必须努力将管理实践与员工的价值观导向整合在一起，并随着国外企业的中国业务呈指数级增长，这一挑战的重要意义越来越明显。

传统性这一价值观变量的提出是与现代性相对的。自第二次世界大战以来，西方社会科学家提出了现代化理论。此理论在20世纪50—70年代盛行，但随即受到来自多方面的批评。首先，现代化理论认为产业革命与工业化逐渐为全人类创造某种程度的共同文化，强调西方资本主义社会是社会发展的理想形态，任何国家或社会都要依照西方资本主义国家产生实质的变迁，逐渐步入开放国家之林，而成为现代化国家。这种观点受到严厉的批评，学者Meyer等举出反证，显示有些仿效西方资本主义的国家不但未能顺利走上现代化之路，在经济、政治及社会等方面反较以前恶化。现代化理论受到批评的第二个重点是倡言此论的学者常将“传统社会”与“现代社会”予以对立，然后分析自前者过渡至后者的历程。批评现代化理论的学者认为这种二元对立的社会分类法过于简化，忽略了一个重要的事实：现代社会中有不少传统社会或文化特征（杨国枢和黄光国，2008）。

有关现代化的理论研究以一个或多个国家或社会作为分析单位。社会现代化主要指整个社会在经济、政治、社会及文化等方面的变迁，而个人现代化主要指社会中的个人在价值观念、思想形态及生活习惯等方面的变迁，学者常将这些内涵称为个人现代性（individual modernity）。所谓个人现代性，是现代化社会中个人最常具有的一套有组织的思想观念、价值取向、认知态度、气质特征及行为意向。相对来说，个人传统性（individual traditionality）则是传统社会中个人最常具有的一套有组织的思想观念、价值取向、认知态度、气质特征及行为意向。个人现代性可以称为现代人的"众趋人格"（modal personality，Inkeles，1997），个人传统性可以称为传统人的众趋人格。传统社会至少可分为采集社会、农业社会、渔猎社会及畜牧社会四大类，每类社会的人民都有其共同的众趋人格，不同人类社会的人民则有不同的众趋人格。但各大类传统社会人民也会有若干相似的人格特征。个人传统性所指的可以是各大类传统社会之人民的众趋人格特征，也可以是每类传统社会之人民的共同人格特征。然而在以往的实证研究中，学者认为与现代性相比，传统性更具有情境独特性和适用性，樊景立等（1997）的研究证明，作为调节组织公平和组织公民行为的变量，传统性比现代性更具预测力，更适用于中国本土化情境的研究。

传统性可以在个体与社会层面进行建构和测量（Farh et al.，2007）。尽管学者通常在社会层面研究文化价值观，但是研究表明在这一文化变量上，有大量的国内社会文化差异，并且许多学者已经在个体层面测量文化价值观（Kirkman et al.，2006）。中国社会的快速转型为观察不同的文化价值观提供了丰富的土壤。从20世纪80年代后期开始，由于社会经济的转型，中国价值观也一直发生着变化，如上下级关系、个人控制及道德他律等。此外，不同年代的中国人具有不同的价值观，与开放性、唯物主义、家庭与亲属关系等息息相关（Ralston et al.，2006）。因此，传统性能够突出体现中国情境下的个体价值观差异。杨国枢于20世纪80年代提出了中国个人传统性的概念，将其定义为"中国传统社会中个人最常具有的一套典型的涉及动机、评价、态度与气质方面的特征模式，并且仍然能在当代中国社会的人们身上发现这种特质，如中国大陆、中国香港、中国台湾等地”（Yang，2003），此为传统人的“众趋人格”（Inkeles，1997）。杨国枢与其同事在随后的研究中利用因素分析，界定了五个能够反映价值观与信念的指标，包括遵从权威、孝亲敬祖、安分守成、宿命自保和男性优越（Yang et al.，1989）。在这五种因素中，可以说遵从权威是最为显著的，因为只有它与其他四个因素都正相关（Farh，2007）。

因此，对传统性的定义是对一个传统社会习俗与规范的承诺、尊重与接受（杨国枢等，2008）。传统性包含了例如尊重权威、孝敬、男性权威、一种普遍意义上的无力感（Yang et al.，1989）。这些价值观与中国儒家思想中的根本关系是一致的。从 Hofstede（1997）的权力距离概念出发，Hui 等（Hui et al.，2004）认为，在中国文化中，传统性与权力距离最为相符，体现了员工接受地位差异，并尊重角色义务的程度。尤其是，高传统性的员工倾向于遵守领导的指令，而低传统性的员工则相反（Chen & Aryee，2007）。尽管如此，传统性包含的内容远大于权力距离，它同时还包含儒家文化中所描述的道德色彩，因此，在中国情境下思考传统性发挥的调节作用更具有合理性。

2.7.2 传统性的研究现状

目前，越来越多的研究开始质疑社会交换理论的普适性，质疑该理论能否解释雇员的态度和行为（Brockner et al.，2001），尤其是传统中国情境下的员工（Lam et al.，2002；Westwood et al.，2004）。社会交换理论描述的是这样一系列交互作用，即社会交换伙伴之间相互依存，并根据对方的行为而行动，从而产生相应的义务，并有可能由此发展出高质量的关系（Cropanzano & Mitchell，2005）。在多数基于美国文化的研究中，社会交换理论都得到了很好的支持（Rhoades & Eisenberger，2002）。至于组织公平与员工反应之间的关系尚缺乏在美国本土环境之外的研究，尤其像中国这种与美国文化具有鲜明区别的国家（Farh et al.，2007）。

（1）传统性的定义研究。

樊景立等（1997）将中国个人传统性的构念引入组织科学中，并着重关注遵从权威这一因素。他们从遵从权威的原始量表中选取了五个核心因素，用以测量个人对等级角色关系的认同程度，在儒家思想中，五种核心的等级角色关系包括君主与臣民、父子、夫妻、兄弟，以及朋友关系。随后许多学者都采用了这一分类和定义，用于测量传统性构念，并证明具有良好的信度效度（Farh et al.，1998；Hui et al.，2004；Spreitzer et al.，2005）。鉴于此，本书将传统性界定为个体对儒家社会伦理中传统等级角色关系的认同程度。因此，这里的传统性无论从定义和操作上来说，都与权力距离和集体主义等构念具有显著的区别（Farh et al.，2004）。

Farh 等学者比较过权力距离和传统性两个构念的区别。权力距离和中国传统性两个构念都能表示对权威人物的听从。但是，权力距离来源于工作场所这一参照系，是一个通用的测量构念，较之传统性来说带有更少的文化与道德色彩。而传统性是根植于中国本土环境的，与权力距离相比，它来源于更为宽泛的社会与家族参照系，原因在于传统性的思想源头是儒家思想，它反映了履行既定角色的标准期望的道德义务，目的是维护社会和谐，并推进集体利益的实现。此外，Westwood 等（2004）指出，对于传统的中国人来说，“维持雇佣关系的是一种人格上的隐性道德秩序”，并且相对于美国和其他西方国家来说，互惠主义被更为广泛地嵌入并表达到了社会与文化体系中。

（2）传统性的探索性研究。

近年来，除了杨国枢、樊景立等专门从事中国本土化研究的学者，亚洲其他学者的研究也体现了对传统性这一文化价值观变量的浓厚兴趣。Chang 等（2003）选取新加坡被试，测量了新加坡华人价值观的现代性与传统性。结果表明，现代性因素包括深谋远虑、公民和谐及道德发展等；传统性因素包括社会权力与温和等。Zhang 等（2003）以中国大陆 300 名学生为样本，测量了他们在传统性和现代性上的区别。研究表明，来自乡村和城镇的男生和女生，在不同的教育程度上，其文化价值观都存在显著差异。具体来说，来自城镇的学生现代性较高，男生的传统性高于女性。随着教育水平的上升，学生的传统性会降低，而现代性会增加。Xu 等（2011）首次验证了中国人的传统性与现代性与神经活动有关，传统性的高低影响了被测个体对其社会交换关系的感受。

（3）传统性的调节效应研究。

Pek 和 Leong（2003）研究了工作场所男性主义至上（歧视女性）行为的影响因素，结果发现参与者的性别、女性化特征及权力主义都显著预测了男性主义态度。此外，中国人传统性强化了上述关系，即具有高传统性的人们在上述情形下更有可能产生歧视女性的态度和行为。Spreitzer 等（2005）基于对美国和中国台湾两地样本的调查，验证了传统性对变革型领导有效性的影响。研究结果支持变革型领导的四个维度对领导有效性的影响受到了传统性的调节。Farh 等（2007）验证了权力距离与中国人传统性影响了组织支持感对工作产出的作用。结果表明，这两个因素均削弱了组织支持感对工作产出的作用，即当人们具有较高的传统性或权力距离时，组织支持感对工作产出的预测作用会被削弱。Pillutla 等（2007）认为在工作团队中，人们对团队凝聚力的认识会影响他们是否平等地分配结果，并影响他们是否会以自我为中心地分配，其中传统性起到了调节作用。吴龙增等（2009）研究了辱虐式管理对员工表现的影响，验证了员工对主管信任的中介作用及传统性的调节作用。结果表明，传统性员工对辱虐式管理的耐受性更强，因而较少因为辱虐式管理而降低对主管的信任，从而影响工作表现。Wang 等（2010）建构了领导成员交换与组织公民行为之间的关系模型，其中内部人地位的感知作为中介变量、中国人传统性作为调节变量，研究结果验证了该模型的有效性。Juma 和 Lee（2011）的研究发现，员工对于企业内部劳动力市场运作的评价，对员工的情感承诺具有正向影响，对其离职倾向具有负向影响，其中当员工具有高传统性时，上述关系均得到了强化。Zhang 等（2011）研究了工作与家庭冲突对建言行为的影响，并验证了传统性与现代性的调节作用。

2.7.3 传统性的测量

为了更有效地探讨中国人的个人传统性、现代性及心理变迁，杨国枢等（2008）依据分离性、多向度、多范围及本土性的新研究策略，建立了一套“多元个人传统性量表”与一套“多元个人现代性量表”，以作为有系统地测量传统性与现代性的新工具。因而本书关于传统性的测量，来源于中国个人传统性量表中的遵从权威子量表。

量表题目的主要来源有：①直接采用以前之研究者所编有关量表中的可用题目（杨国枢，1992）；②将以前之研究所用有关量表中的有关题目加以改写；③根据报纸杂志之偏向传统性或现代性的意见，撰写新的题目；④根据研究者自己对传统性或现代性的理解与观察，撰写新的题目。

最初为“多元个人传统性量表”所写的题目有460多个，经试用、讨论及删改后，减为299个；为“多元个人现代性量表”所写之题目原为430个，经试用、讨论及删改后，减为256个。为两个量表所搜集与撰写的题目皆属正向题目，而现代性量表中，赞成题目所说的内容应代表现代性。为了进一步分辨赞成与不赞成的程度，采用李克特量表（rating scale）的形式，即每题系就以下六个同意或不同意的程度加以评定：①非常不同意；②相当不同意；③有点不同意；④有点同意；⑤相当同意；⑥非常同意。

原量表正式预试所用的样本有两种，即大学学生与社会成人。大学生样本系取自北部九所大学院校及南部三所大学院校，其中完成传统性量表者819人（男生409人，女生410人），完成现代性量表者891人（男生497人，女生394人），共为1710人。至于社会成人样本，总人数为1213人，其中完成传统性量表者599人（男性307人，女性292人），完成社会性量表者614人（男性308人，女性306人），成人样本的受试者大致依2∶1∶1的人数比例来自中国台湾北部（新竹以北）、中部及南部（嘉义以南）三个地区。在预试过程中，大学生样本中受试者，系在上课时间内以团体方式施测。成人样本中的受试者，则在个人家中以个别访问方式施测（杨国枢等，2008）。

预试工作完毕后，即进行项目或题目分析（item analysis）。所拟编制的个人传统性量表与现代性量表，必须在所设的主要成分与内容范畴两方面进行。就前一方面而言，要想得知每个题目所设成分为何及测到的程度多大，最明显的方法之一是进行因素分析（factor analysis）。分析的结果，大学生与社会成人皆获得五个主要的个人传统性因素及五个主要的个人现代性因素。也就是说，个人传统性有五个主要成分，个人现代性也有五个主要成分。

个人传统性的五个主要成分如下：

（1）遵从权威。

主要内容是强调在各种角色关系与社会情境中应顺从、遵守、尊重及依赖权威。权威的种类很多，在不同的关系与情境下有不同形式的权威，如首长、领袖、父母、长者、丈夫、国家、道德、规范、传统及校规。对这些权威顺从、遵守、尊重及依赖的程度越强，遵从权威的心态就越强。

（2）孝亲敬祖。

主要有两部分，即孝敬父母与敬祭祖先，尤以前者为重。从有关的题目内容来看，中国人孝敬父母的主要项目几乎皆在其中，包括勿伤父母名誉、勿使父母担忧、愿为父母做事、尊重父母意见、善加侍奉公婆、荣耀归于父母、父母在不远游、亲自供养父母及继承父母志业。

（3）安分守成。

包括安分与守成两种态度。前者强调自守本分、少知为妙、与人无争、怀疑自由及不做非分之想，后者强调接受现实、逆来顺受、不求进取、依赖亲友及厚古薄今。事实上，安分与守成两者密切关联，互不可分。

（4）宿命自保。

主要内涵包括两种互相关联的态度，即自保与宿命。自保强调保护自己与家庭，少管闲事以避免麻烦，表现在极端方面则是自利，如掩护家人以脱刑责、利用关系以谋工作、愿意贿赂以求方便、把握机会做官发财、上车插队以图自便等。而宿命则强调认命，听从命运的安排而不作为等含义。

（5）男性优越。

主要内涵代表一种男性优于及超越女性的态度。这种男性优越的信念涉及范围甚广，包括在工作中女人的效能不如男人，在家庭中妻子应顺从丈夫；在政治上女人的参与应少于男人；其他有关态度还包括女人应少在外面抛头露面，男主外女主内最为理想，女人婚后应冠夫姓，女儿的价值不如儿子，女子不必受太多教育，等等。

传统性的原始量表有 15 个题项，但是一些不适用于当代情境。参照 Farh 等（1997）的研究，目前对于传统性的研究大多选取了其中 5 个具有最高载荷的题项，分别是：①当人们发生争论时，他们应该请最有资历的前辈来判断对错；②孩子应该尊重那些他们父母所尊重的人；③避免错误的最好方法就是遵从有资历的前辈们的指示；④在结婚前，女性应当服从父亲，结婚后，应当服从于丈夫；⑤国家领导人就像一家之主一样，公民应当服从他在所有国家问题上的决定。这一量表已经被成功地运用到了来自中国台湾（Farh et al.，1997）、中国香港（Farh et al.，1998）和中国大陆（Hui et al.，2004）样本的研究中。在这些研究中，量表的阿尔法系数分别为 0.60（Farh et al.，1998）、0.76（Farh et al.，1997）、0.74（Hui et al.，2004），这反映出了传统中国社会中遵从权威的普遍范围，包括家庭（孩子遵从父母，妻子遵从丈夫）、政治领域（下级遵从上级），以及普遍的社会关系（资历低的新人遵从资历高的前辈）。

2.7.4 传统性的调节作用

从社会契约（social contract）关系模型（Van Dyne et al.，1994）中可以看出公平对于促进工作产出的重要性。该研究认为，影响组织公平与工作产出关系的情境因素都来自一种社会契约关系，它使得个体做出超出互惠期望的行为。随着时间的推移，这种关系本身的效力就会得到重视。这种关系是一类人群的特征，他们通常具有共同的家庭结构、共享的历史、紧密联系的成果或者十分相似的文化观念，即文化价值观。

尽管市场的力量可能调控了工具性的关系，但是情感性的关系是由个人的诚信和对这一关系的付出所调节的，在由角色关系主导的社会中，员工对其管理者的信任与信心嵌入组织的社会结构中，员工的行为并不需要通过提升信任而驱动。Morrison（1994）发现个体在不同文化价值观下的感知差异，可能对如何看待工作产出及其与其他构念之间的关系产生重要影响。因此，目前对于组织公平、员工建言以及工作产出之间的关系思考，可能受限于单一的文化背景。关于文化价值观的个体差异，在决定工作产出与其他变量关系中扮演了重要角色。在西方社会的研究中，关系被视为可变的，交换行为受到了具体交易规则的工具性调控。交易结构与交换期望是通用的，不依赖于这些交易中的角色主体。然而如果基于不同社会文化背景而提出不同的假设，那么将会产生不同的预测结果。在重视情感与人际联系的社会，交换行为并不总是基于公平的普遍性分配原则；而是通常根据需求或社会地位采取排他主义的分配原则（Fiske，1991）。例如传统中国人的行为是由具体情境决定的，他们是否感觉自己受到了公平的对待，不会对他们的行为产生重大影响，这在《论语》中的一个故事里能够得到体现。一个地方官告诉孔子，在他所管辖的县城内的行为准则体现了人们将整个县城的利益置于了其他关系之上，所举的一个例证就是一位“正直”的小孩将他父亲偷羊的罪行上报给了官府。孔子听完反驳道，在他的县城一个正直的人不会这样做，因为父亲会隐瞒儿子的罪行，儿子也会隐瞒父亲的罪行。在传统中国社会情境中，给定关系的特殊条件影响了交换期望与行为。因此，社会结构所提供的角色关系（比如父子关系）发挥了重要的作用。

在以传统性为特点的文化里，人们重视人与人之间的关系联结，以及遵从权威、孝亲敬祖、安分守成、宿命自保、男性优越等价值观，还有普遍意义上的无力感（Yang et al.，1989）。例如，传统中国社会很大程度上建立在五种基本的儒家关系（被称为五伦）之上，即君臣、父子、夫妻、长幼、朋友之间的关系。这些关系不是社会特征的表现，而是代表了在社会体系中，人们与他人所维系的关系。Yang（1993）对五伦的描述如下：“将每一种关系转化为具体的二元角色，有效地巩固了，甚至牢牢固定住了人际关系的表现形式。对于每一种二元的五伦关系来说，角色指令指定了演员们应该做什么和不应该做什么。”选择将遵从权威作为传统性的主要方面，是出于几个原因的考虑。最重要的是，核心五伦关系，即使是朋友间的关系，也都建构在等级模式之上。在每种情况下，高一级成员相对于初级成员来说都被赋予了广泛的特权和权力。Yang（1993）也指出，这些关系的惯例是不对称的，其中对于较为弱势的角色的行为期望（例如臣民、儿子和妻子），相对于那些掌握较大权力的角色来说被指定得更为详细。弱势角色被强加了更多严厉的要求和限制，因此，这些角色在很大程度上成了弱势群体。此外，五伦中的等级倾向已经相当普遍，并已扩展到了更广泛的社会背景中（Yang，1993）。

上述成分决定了高“传统性”的人（那些在传统性测量上得分高的人）相对于低“传统性”的人来说，不太可能根据权威人物如何对待他们而改变态度和行为，而是出于有义务履行他们被指定的社会角色所要求的期望和责任，从而决定自己的态度和行为。Farh 等（1997，2004）在几项归纳总结性研究中，证明并支持了传统性在现代中国环境中所发挥的调节作用。具体表现为，传统性调节了公平感知与下属绩效（Farh et al.，1997）、领导成员交换与下属组织公民行为（Hui et al.，2004）、威权领导与下属反应（Cheng et al.，2004）、变革型领导与领导效能（Spreitzer et al.，2005），以及授权感知与组织自尊和局内人地位（Chen & Aryee，2007）之间的关系。总之，传统主义的中国人更多地根据他们所感知到的社会角色义务响应雇主，而较少地出于平衡激励与贡献之间的关系而改变行为和态度（Farh，2007）。Jin 等（2009）的研究证明，传统性调节了工作满意度与情感承诺之间的关系，即高传统性的人们倾向于将工作满意度归因于良好的组织待遇，从而使得他们更加认同组织。

综上所述，传统中国人会按照他们在工作组织中所感到的角色进而投入工作，而不是根据他们是否感觉受到了公平的对待。并且，在传统中国社会，除了基于西方公平原则、交换理论之外，还存在其他影响人际互动的关系准则，例如角色期望、人情关系等。由此可以推测，员工努力投入工作不仅由于他们感知到了组织公平和建言效果，还在于要满足他们自身衍生出来的对其企业的责任与义务。由此可见，传统性与员工个人公平感知及其工作产出之间存在密切关系，传统性高与低的个体，其公平感知对建言的影响也有所不同，因此，本书将考虑与工作产出有关的文化维度或价值观，即传统性。

第 3 章　研究框架及理论假设

3.1　研究问题提出

3.1.1　现有研究的不足

从文献回顾部分可以看出，现有对于组织公平和员工建言的研究存在一些不足和可以进一步挖掘的空间，主要表现在以下方面：

第一，对于工作产出，目前国内研究仍关注不足，大多数仅限于对单一变量的考察，例如组织承诺、离职倾向、工作满意度等，而没有将这些产出变量结合在一起作为工作产出整体变量进行研究。此外，在对工作产出变量的研究上，缺乏对态度与行为变量的区分，同时缺少按社会交换关系的对象层级进行划分。有学者认为，员工的工作产出应该按照组织内部交换对象进行划分，具体来说，员工对组织整体和对直接主管的态度与反应应该区分对待，例如员工的组织承诺，以及员工对主管的承诺就反映了两个层面的承诺度；而员工的工作满意度与离职倾向，则针对组织整体（Cropanzano & Mitchell，2005；Tekleab & Chiaburu，2011）。

第二，对于组织公平与工作产出的关系，目前多为对主效应模型的研究，缺少对缓冲模型的探索，即中介变量的挖掘。此外，目前研究多采用将分配公平、程序公平和互动公平合并为一个整体，代表整体的组织公平进行测量。然而这种做法正在受到学界的质疑，Bies 等（2001）在研究中指出，有必要对三种组织公平分别进行测量，以区分各自作用的不同。他们认为分配公平与程序公平和互动公平之间存在显著差异，同时程序公平和互动公平之间也应该割裂为两个独立的变量进行研究，原因在于二者所预测的指标是不同的，因此，即使二者存在数据上的相关性，也应当从理论上进行区分，从而有利于针对性地解决不同的组织问题。

第三，对于建言，以往研究大部分关注建言行为的前因与后果变量，而没有深入考虑建言的对象、结果或者有效性等问题，缺乏对建言机会感知和对建言绩效的测量，尤其是有利于组织或个人的建言，不应仅是停留在理论推理层面。对于建言作为中介变量的研究，以及与其他变量的互动机制也缺少实证研究的支持，包括与组织公平、工作产出之间的关系；同时在研究中各个学者将建言行为和建言功效性等概念混用，没有从概念和构念的测量上加以区分，因此，不能真正探究建言机会感知、行为和功效性单独发挥的作用，并且三者的作用机制有所不同，而混淆使用和测量将无法揭示建言真实的作用机制，从而会影响它与其他变量之间关系的探索。研究表明，建言行为和建言感知无论从概念上还是测量上都应当进行明确的区分，分析各自的效用和相互关系。另外，以往研究多基于西方理论研究建言，包括角色外行为和组织公民行为，但是没有结合中国本土情境探讨文化对建言的影响。

第四，对于工作产出、组织公平与员工建言的关系研究多基于西方管理理论进行验证，包括社会交换理论、社会认同理论等。在多数基于美国文化的研究中，社会交换理论都得到了很好的支持（Rhoades & Eisenberger，2002）。但是至于组织公平与员工反应之间的关系尚缺乏在美国本土环境之外的研究，尤其像中国这种与美国文化具有鲜明区别的国家（Farh，2007）。目前越来越多的研究开始质疑社会交换理论的普适性，质疑该理论能否解释雇员的态度和行为（Brockner et al.，2001），尤其是传统中国情境下的员工（Lam et al.，2002；Lee et al.，2000；Westwood et al.，2004）。许多学者已经致力于在更为广泛的情境下验证以组织理论为基础的假设与论断，通过个体层面的分析，他们认识到个体价值观的多样性，并发现这种多样性很可能存在于处于过渡时期的社会，如中国（Brockner et al.，2001；Farh et al.，1997；Hui et al.，2004；Lam et al.，2002；Lee et al.，2000；Spreitzer et al.，2005）。因此，考虑中国传统文化价值观对组织公平和建言关系的影响具有重要的理论意义。

3.1.2 研究问题

针对以上现有研究中所存在的不足，本书主要涵盖以下三个方面：

第一，对于工作产出变量的选取，为区别态度与行为变量，本书单独选取了态度变量，包括承诺度、满意度和离职倾向，关于工作绩效和组织公民行为等将在未来研究中进一步补充和完善。此外，为区分社会交换两个主体——组织整体和直接主管，本书在承诺度上不仅选取了组织承诺，还选取了员工对直接主管的承诺度，以区分二者之间与组织公平和员工建言关系的差异。有学者认为，在中国社会的文化背景下，员工对主管的承诺度（主管承诺或主管忠诚）比组织承诺更具有预测力（Chen et al.，2002；Hui et al.，2004；Wong et al.，2002）。

第二，分别研究组织公平三个组成部分，即分配公平、程序公平和互动公平对员工建言以及工作产出各变量的影响，比较三者影响作用的差异，利用社会交换理论解释并分析结果。

第三，对员工建言所涉及的各个概念进行明确区别测量，即员工建言变量包含建言感知、建言行为两部分内容，并检验对工作产出各变量的不同作用；此外，验证员工建言在组织公平—工作产出之间的桥梁作用，建立组织公平对工作产出的缓冲模型。

第四，探讨文化传统价值观变量传统性的调节作用，即研究传统性对组织公平、员工建言和工作产出三者之间关系的影响，以期考察员工个体传统性高低不同，是否会影响他对组织公平的感知，进而影响员工建言及其工作产出，从而为社会交换理论的普适性做出解释和条件边界的分析。

3.2 理论模型的探索性研究

综合现有关于工作产出、组织公平和员工建言的相关研究，本书探索性地提出如图 3.1 所示的概念性研究框架。总体而言，本书认为组织公平感知的各个组成部分会影响建言，进而影响员工对主管的信任、对组织的承诺以及其他工作态度。这一研究框架从社会交换理论出发，验证组织公平、建言行为与员工心理产出之间的关系，即验证员工的组织公平感知是否通过促进员工建言，进而提高了员工对组织与主管的态度与反应。

图 3.1　理论框架

由于该理论框架目前只有西方的理论可以参考，只有少量的本土研究结论可以借鉴，同时对于分配公平的量表改编都需要进行探索性分析，以检验模型的有效性和量表的有效性，为之后的正式测量打下基础。因此，有必要结合深度访谈、现场观察等研究方法，通过探索性研究检验该框架的有效性并修正整理出具体的模型，目的在于检验理论框架是否合适，检验组织公平—员工建言—工作产出三者关系模型的有效性，包括组织公平三个组成部分对建言行为的作用机制，以及建言各变量对工作产出的影响。

3.2.1　深度访谈

（1）深度访谈目的。

在探索性研究中，深度访谈的主要模式之一就是半结构式的访谈，这一方法得到了学界广泛的采纳。具体来说，半结构式访谈就是针对研究问题，由研究者与受访对象之间进行的面对面的交流。这样进行访谈的目的是，挖掘实践中研究对象对研究问题的理解程度、态度、动机等。

本次访谈所关注的问题是，员工在工作中对组织公平的感知，以及组织公平感知与建言和工作产出之间的关系。通过深度访谈，可以了解个体在工作实践中的真实想法与感受，从而能够有效地理解并测量各个构念。

（2）深度访谈方式。

本次深度访谈采用了以下方式：第一，根据所要研究的问题列出提纲，确定访谈内容与预期结果，提纲为半开放式，不具有严格的限定答案，从而确保受访对象回答的开放程度；第二，在访谈过程中，首先提出与所要研究问题相关的其他内容，以期引起受访对象的谈话兴趣，同时允许其自由地回答与提问，及时发现研究中尚未涉及的构念或变量，并保证谈话的开放性，避免学术话题的晦涩性与严肃性限制真实信息的获取；第三，针对主要研究问题采取直接提问方式。

（3）深度访谈对象。

本次深度访谈的对象为企业中负责日常性工作的基层员工及其主管领导。获取对象样本的方式为便利抽样，目的是消除受访员工在谈论相关问题时的顾虑，从而便于深入了解员工对主要变量的认识。本书共访谈了10位在不同行业、不同企业中工作的员工。受访者的职位包括车间工人、销售主管、技术人员、行政人员等。受访者在所在企业工作年限平均为3.6年，这一较长的工作年限能够保证被访员工对组织中规章制度、人际氛围、建言机制等有足够的接触和了解，因此，所提供的访谈内容具有参考价值。员工所在企业的行业包括制造业、服务业，其中汽车零部件加工企业1家，汽车制造企业1家，汽车销售企业1家，财务公司1家，银行1家，机械制造企业1家，证券投资公司1家，如表3.1所示。

表3.1　深度访谈员工统计

企业	人数（个）	职务	从业时间（年）	地区	编号
汽车制造	1	工人	7	长春	A
汽车零部件加工	1	工人	5	长春	B
汽车销售	2	研发人员	3	长春	C、D
财务公司	1	行政人员	3	长春	E
银行	2	销售代表	2	大连	F、G
机械制造	1	行政人员	5	烟台	H
证券投资	2	业务职员	3	上海	I、J

（4）深度访谈内容。

针对本书涉及的主要概念及概念间的相互关系，访谈的主要内容：①受访对象的基本信息；②受访对象对组织公平、员工建言、工作产出、传统性等概念的认知；③受访对象对组织公平、员工建言、工作产出、传统性之间关系的认知；④受访对象对研究模型适用性和合理性的认知。

3.2.2 深度访谈结果

通过与受访对象的交流，对研究中各个变量及其相互关系等问题，形成了前期的认识和理解，同时对企业员工的真实心理状态及行为有了更为深入的体会。根据访谈记录，总结出以下结论：

（1）受访对象对各个构念有一定的了解。

对于组织公平、员工建言和员工产出、传统性相关概念及子变量，受访对象均能给出相应的描述和理解。比如，受访对象A认为，组织公平无处不在，在奖励分配、决策制定、制定奖惩规则、人际交往等方面都存在着员工的公平感知，即员工无时无刻不会通过以上工作场所中的实际状况产生公平或者不公平的看法。受访对象C认为，建言在组织中体现得淋漓尽致，不光是正式的建言渠道，还有非正式的私下的建言，包括对直属领导的建言和对组织的建言。受访对象D认为，虽然员工的建言行为能起到作用，但员工一旦感知到没有说话机会或意见未被采纳，会觉得组织或主管对他们并不重视，此时，即使有建言机制也形同虚设。此外，有些员工喜欢跟主管提建言说想法，而有些员工则愿意通过组织的正式渠道发表意见，比如工作的网络社群或者企业杂志等。受访对象E认为，员工的产出包括日常工作的效率和给领导留下的印象，而他们的工作态度体现在对直属领导的忠诚上，还有对组织的归属感方面，这些都是他们工作的动力来源。受访对象F认为，传统性其实就是每个人是否具有保守的传统观念，比如重男轻女、服从权威、容忍退让等，而这些个性能够在平日生活和工作中体现出来，并影响他们的行为。

（2）探索性模型的合理性得到证明。

探索性模型所构建的变量之间的关系得到了员工概念上的认可与肯定。比如，受访对象B、C、E、H等认为，组织分配公平与否、制定决策的过程公平与否以及领导对待他们的方式是否充满尊重等方面，都能影响到自己发表建言的行为。在他们看来，如果组织公平的感知很强，也就是他们认为组织在各方面都做到了公平，那么他们则会更加感受到有提出建言的机会和环境，并实际做出建言，这将给他们带来心理上的积极感受，从而促使他们更加积极地投入工作，而如果这些建言同时被组织采纳，那么这种积极作用会更强。这些都体现了受访者对建言机会感知、建言行为和建言功效性的认识。

与此同时，如果员工的传统性较高，也就是比较传统保守的话，那么他们将可能不倾向于做出建言，以求安分守己和自保，同时体现了惧怕得罪领导的心理，而无论他们是否感受到了组织公平。此外，受访者认为当员工思想更为传统时，会潜意识里意识到自己处于弱势地位，因此，出于对管理者高层地位的尊重，会产生基于情感的组织承诺和主管承诺等，即组织公平与否，或者会不会提供建言机会，可能不再起到重要作用。

（3）其他因素会影响到模型中变量的关系。

通过访谈还发现，员工对探索性模型的认识没有受限于给定的主要变量，他们根据实际工作中的感受，还提到了能够影响变量关系的其他因素。比如 A 认为，男员工与女员工在对待组织公平与否的问题上存在很大差别，通常女性员工比较不关注组织是否公平，而是更关注实际分配到的报酬以及心理安全感等要素，而男员工则对于公平问题较为敏感。同时，男员工相对于女员工来说，更愿意表达自己的想法，提出建设性和创新性的意见，员工绩效也相对较高。

B、D 等员工认为，工作年限长的员工与年轻员工相比，更不倾向于建言，同时也相对更传统，即传统性会更高。但是如果做出建言，那么由于其资历高，组织会更重视他们的意见，他们的建言通常会得到采纳。年轻员工 E 认为，组织采纳他们的意见越多，越会激发他们为组织贡献力量的热情，提高他们对直属领导的信任。然而对于工作年限长的员工，可能这种激发作用不会那么强。

综合探索性研究的结果可知，受访对象对本书所构建的理论模型表示认同，研究样本具有一定程度的合理性。同时，根据访谈内容发现，组织公平、建言与工作产出的关系可能会受到文化传统性、性别、工作年限的影响。

3.3 研究框架与假设

根据探索性研究的支持性论据和发现，可以进一步修正原有的研究框架，如图3.2所示。其中，员工建言是组织公平和工作产出之间关系的中介变量，传统性对组织公平与工作产出之间、组织公平与员工建言之间、员工建言与工作产出之间的关系均起到调节作用。

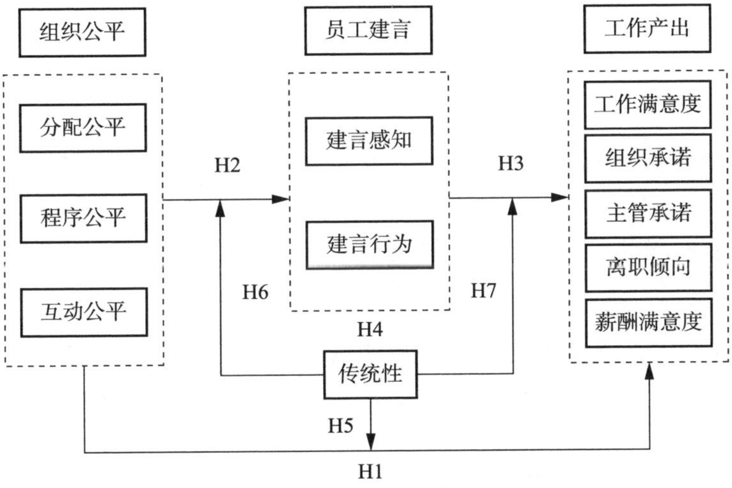

图3.2 研究框架

根据该框架可以得出以下几部分理论假设。

3.3.1 组织公平对工作产出的作用

对于公平与绩效的研究主要关注两个方向。

第一，公平三个主要组成部分已经被证实能够很好地预测员工绩效。然而，一些学者认为三种公平感知是独立影响员工绩效的，三者发挥的作用也是不同的。以往的研究表明，员工的程序公平感知影响了他们的工作满意度（Lowe & Vodanovich，1995）和组织承诺（Folger & Konovsky，1989）；互动公平影响了领导成员关系等。相似地，员工对分配公平的感知影响了他们的薪酬满意度，原因是社会比较过程的结果，还有研究证明分配公平也能预测员工的承诺度（McFarlin & Sweeney，1992）。

第二，有学者证明分配公平、程序公平与互动公平对员工产出的影响作用是不同的。具体来说，分配公平与薪酬满意度关联最大，从而影响了员工的工作状态和绩效，程序公平是通过影响组织支持感影响了满意度等指标，而互动公平由于体现的是员工及其主管的互动，因此通过领导成员关系作用于员工产出等指标（Masterson et al.，2000；Cropanzano et al.，2002；Amanuel et al.，2005）。

因此，可以推测组织公平三个维度对员工产出的影响如下：

H1：组织公平对员工产出具有显著正向影响。

H1a：组织公平各维度对工作满意度具有显著正向影响。

H1b：组织公平各维度对组织承诺具有显著正向影响，其中程序公平的影响最大。

H1c：组织公平各维度对主管承诺具有显著正向影响，其中互动公平的影响最大。

H1d：组织公平各维度对离职倾向具有显著负向影响。

H1e：组织公平各维度对薪酬满意度具有显著正向影响。

3.3.2 组织公平对员工建言的作用

Hagedoorn 等（1999）的研究认为在员工感到公平时，会更多提出众利建言，而较少提出自利建言；而在受到不公平待遇时，会更多地提出自利建言，以摆脱所遭受的困境。因此，建言不只在员工不满意时发生，当员工满意时也会发生建言行为（Hirschman，1970）。Goldberg、Clark 和 Henley（2011）对员工建言的研究结果表明，员工对不公平的感知以及他人受到的不公平待遇都会促使他们做出建言行为，同时受到建言机会感知的调节作用。此外，Farh 等（1997，2004）都验证了组织公平对组织公民行为的影响，但是没有单独研究对建言的作用，因此可以推测，组织公平对建言这一角色外行为也具有积极的促进作用：

H2：组织公平对员工建言具有正向影响。

H2a：组织公平各维度对建言感知具有显著正向影响。

H2b：组织公平各维度对建言行为具有显著正向影响。

3.3.3 员工建言对工作产出的作用

Whiting 等（2001）认为，愿意建言的员工往往会获得更高的绩效评价；建言是员工参与管理（management by participation）的形式之一，可以提高员工的民主意识，发挥其主观能动性，从而提升工作控制感及自我效能感（段锦云、王重鸣和钟建安，2007）；此外，接受员工的建言，还有利于提高组织或管理者判断精确性（Gino & Schweitzer，2008）。Elaine 等（2011）通过研究证明员工对建言机会的感知影响了组织承诺，其中对高层领导的信任，以及与主管领导之间的关系发挥了中介作用，即建言通过影响员工对领导的信任以及与主管之间的关系，从而促进了员工的组织承诺。此外，由于以往对员工建言的研究没有很好地区分建言感知与行为，因此对于建言所发挥的影响假设如下：

H3：员工建言对工作产出具有正向影响。

H3a：员工建言各维度对工作满意度具有显著正向影响。

H3b：员工建言各维度对组织承诺具有显著正向影响。

H3c：员工建言各维度对主管承诺具有显著正向影响。

H3d：员工建言各维度对离职倾向具有显著负向影响。

H3e：员工建言各维度对薪酬满意度具有显著正向影响。

3.3.4 员工建言的中介作用

公平感知与员工产出绩效之间的一座联系桥梁就是建言，即雇员在决策过程中发表建言的程度，连接了员工的公平感知与绩效之间的关系，这里不仅包括客观的绩效指标，还包括员工主观的心理感受，例如组织承诺、满意度等（Russell，2002；Masterson，2000）。因此，可以假设员工建言在组织公平与工作产出关系之间起到了桥梁作用，同时员工建言的两个维度，即建言感知、建言行为均发挥了中介作用，由此提出假设：

H4：员工建言在组织公平与工作产出正向关系之间发挥了部分中介作用。

H4a：建言感知在组织公平与工作产出正向关系之间发挥了部分中介作用。

H4b：建言行为在组织公平与工作产出正向关系之间发挥了部分中介作用。

3.3.5 传统性的调节作用

Farh等（1997）在一项归纳总结性研究中，证明并支持了传统性在现代中国环境中所发挥的调节作用。具体表现为，传统性调节了公平感知与下属绩效（Farh et al.，1997）、领导成员交换与下属组织公民行为（Hui et al.，2004）、威权领导与下属反应（Cheng et al.，2004）、变革型领导与领导效能（Spreitzer et al.，2005），以及授权感知与组织自尊和局内人地位（Chen & Aryee，2007）之间的关系。总之，传统主义的中国人更多地根据他们所感知到的社会角色义务响应雇主，而较少地出于平衡激励与贡献之间的关系而改变行为和态度（Farh et al.，2007）。高“传统性”的人（那些在传统性测量上得分高的人）相对于低“传统性”的人来说，不太可能根据权威人物如何对待他们而改变态度和行为，而是出于有义务履行他们被指定的社会角色所要求的期望和责任，从而决定自己的态度和行为。

由文献回顾可知，员工传统性的高低会影响其对组织提供的有利条件的感知，例如组织公平与建言机会，从而会影响到员工基于社会交换的良性反馈。因此对于传统性的调节作用，可以从各变量整体做出假设，其中组织公平各维度对工作产出发挥的影响可能存在差异，因此对其分维度进行假设，以便进行比较。

H5：当员工的传统性较高时，组织公平各维度对工作产出的影响程度较低。

H5a：当员工的传统性较高时，组织公平各维度对工作满意度的影响程度较低。

H5b：当员工的传统性较高时，组织公平各维度对组织承诺的影响程度较低。

H5c：当员工的传统性较高时，组织公平各维度对主管承诺的影响程度较低。

H5d：当员工的传统性较高时，组织公平各维度对离职倾向的影响程度较低。

H5e：当员工的传统性较高时，组织公平各维度对薪酬满意度的影响程度较低。

H6：当员工的传统性较高时，组织公平各维度对员工建言的影响程度较低。

H6a：当员工的传统性较高时，组织公平各维度对建言感知的影响程度较低。

H6b：当员工的传统性较高时，组织公平各维度对建言行为的影响程度较低。

H7：当员工的传统性较高时，员工建言对工作产出的影响程度较低。

H7a：当员工的传统性较高时，员工建言对工作满意度的影响程度较低。

H7b：当员工的传统性较高时，员工建言对组织承诺的影响程度较低。

H7c：当员工的传统性较高时，员工建言对主管承诺的影响程度较低。

H7d：当员工的传统性较高时，员工建言对离职倾向的影响程度较低。

H7e：当员工的传统性较高时，员工建言对薪酬满意度的影响程度较低。

第 4 章　研究方法与设计

在前两章中，对组织公平、员工建言、工作产出和传统性的研究现状进行了系统阐述，并发现以往研究中存在的改进空间，在此基础上构建了本书的理论模型和研究假设。本章将对所采用的研究方法进行介绍，由于上一章中已经介绍过访谈法的相关内容，因此本章集中介绍问卷调研法和数据分析法。

4.1　调研方法

问卷调查法是管理学实证研究中最为普遍的方法，实地研究中的问卷法是基于如下假设条件的：第一，大多数参与者将会认真地阅读和回答问卷中的所有问题；第二，大多数参与者都有足够的能力理解问卷中的问题；第三，大多数参与者将会提供真实而坦诚的答案（陈晓萍等，2008）。

如果实施得当，问卷法是最快速有效的收集数据的方法；如果量表的信度效度高，样本数量大，研究者可用问卷法收集到高质量的研究数据；问卷调查对被调查者的干扰较小，因而比较容易得到被调查企业及员工的支持，可行性高；问卷调查成本相对低廉，是实地研究中最经济的收集数据的方法。

本书采用问卷调查法收集研究数据，原因在于：第一，本书所涉及的主要变量在以往的研究中已经得到良好的操作化，因而适用这种研究方法；第二，通过问卷法获取的数据易于量化，从而能够更好地进行假设检验；第三，在统计分析时通过问卷法获取的数据能够更好地同历史研究进行横向比较。

4.1.1 问卷设计

本书对研究中所涉及变量的测量，是在参考了国内外文献的基础上采用在权威期刊公开发表的、经过多次验证的量表。调查问卷主要分为两部分，第一部分是人口统计学资料的调查，目的是了解员工的背景资料，并为回归分析时的控制变量选取做好准备，包括性别、年龄、工作年限、教育程度等。第二部分是对主要研究构念进行调查，目的是通过在企业情境中的实际调查获取真实的数据，从而验证各个假设，包括组织公平、员工建言、工作产出等。所用的问卷均采用李克特五点量表（Likert-type Scale）进行测量。其中5代表很同意，4代表比较同意，3代表一般，2代表不太同意，1代表很不同意。本书所设计的问卷由五部分组成，主要内容如下：

第一部分是引言。主要内容是向被调查对象说明问卷调查的目的、保密性及问卷发布者的联系方式等。

第二部分是调查受访者的背景信息，包括受访者的性别、年龄、工作年限、教育程度、所在单位性质和规模、所从事岗位等。

第三到第五部分是对所研究的理论构念的测量，主要包括组织公平、员工建言、组织承诺、主管承诺、员工满意度、离职倾向、传统性等。

4.1.2 调研对象与问卷调查

（1）调研对象的选择。

由于本书研究的是组织公平、员工建言和工作产出之间的理论关系，而这三个构念最初构建的情景就是企业组织。因此，将企业员工定位为调研对象，能够确保研究对象与理论变量的对应性。调研对象主要来源是中国长春、大连、上海、北京、烟台、宁波等城市，这些城市涵盖了中国北方与南方、沿海与内地各个类型的地域。企业样本来自不同的行业与部门，包括银行、汽车制造业、金融业等，将这些企业的员工作为调研对象样本。

（2）问卷发放与样本量控制。

样本量选取的策略避免了在某个具体组织中的情景限制，从而保证了各个构念测量的效度和稳定性。在问卷发放上，选取了纸质版、电子版与网络版三种形式进行发放。研究者借助亲属、老师、朋友或同学的社会关系联系到了各地的企业，并由他们担当发放与收集问卷的联络人。这些联络人有的在企业中担任中层或高层管理者的职务，能够直接在企业内部发放问卷；有的通过联系他们的朋友帮忙发放问卷。

其中，纸质版问卷由各企业的联络人帮助发放或经联络人介绍由研究者亲自到各个企业发放并收集，在发放问卷之前对员工进行了调研说明和简单介绍。在发放过程中，组织员工在规定时间统一作答并回收，保证了员工填写问卷的环境与质量。此外，每份问卷都进行了编码，确保了机密性以及统计上的准确性。网上答卷适用于大规模的、多地、多处采样，此外，答卷者可自行决定答卷时间，同时答卷的环境没有来自同僚的压力，这些都有利于填表的质量（陈晓萍等，2008）。本书的网络问卷由研究者在问卷星网站进行制作，并将问卷的网络链接填写地址发布在网络上，当受访者在网上填写完问卷并提交时，网络会自动计入问卷数量（自动编码）与答案，其中包括作答者的网络 IP 地址、地理位置等，可以有效地监控样本回收数量与来源，并方便数据的导出。电子版问卷的发放主要由各企业联络人负责，通过邮件的形式（Word 文档格式的问卷作为附件）发放给企业员工，包括他们的下属、同事与领导。邮件中说明了调研目的与简要内容，告知员工可自行决定答卷时间，并在指定时间之前发回填好的问卷，由此提高了问卷回收的效率。此外，联络人还将问卷链接转发给他们在其他企业的朋友与同学等，进一步扩大了随机样本量。

本书自 2011 年 11 月起至 2012 年 1 月底共发放了两次问卷，分别用于探索性因子分析与验证性因子分析。其中网络版与电子版问卷的发放数量由研究者与各联络人在发放时做好了备案统计（企业内部网络邮件群发的数量、内部 QQ 讨论组群发等）。每次发放问卷 500 份，合计发放 1000 份正式问卷。其中第一次收回 487 份问卷，回收率为 97.4%；第二次收回 441 份问卷，回收率为 88.2%。两次发放共回收了 928 份问卷，回收率为 92.8%。

（3）问卷的筛选。

依据以下标准对回收的问卷进行筛选，以确保数据分析所用问卷的有效性。当回收的问卷出现下列情况之一，即被视为无效问卷：①所有题项均选择了同一答案；②对于任一构念的回答题项小于 3 个；③回收问卷中有 5 个题项以上的答案出现空缺；④反向回答问题的答案与其他题项存在相互矛盾之处。根据上述标准筛选问卷，第一次筛选得到有效问卷 460 份，有效问卷的回收率为 92.0%；第二次得到有效问卷 416 份，有效问卷的回收率为 83.2%。两次发放共得到有效问卷 876 份，有效问卷的回收率为 87.6%。

（4）人口统计与控制变量。

对于员工的调查设计了四项人口统计变量，并用于控制变量。其中年龄维度设计了 8 个选项（1 = 20 岁及以下，2 = 21 ~ 25 岁，3 = 26 ~ 30 岁，4 = 31 ~ 35 岁，5 = 36 ~ 40 岁，6 = 41 ~ 45 岁，7 = 46 ~ 50 岁，8 = 50 岁以上）。性别被设置为类别变量，1 代表男性，0 代表女性。代表教育程度的学历变量共设置了 5 个选项（1 = 初中及以下，2 = 高中，3 = 大专，4 = 大学本科，5 = 硕士及以上）。工作年限设置了 6 个选项（1 = 1 年以下，2 = 1 ~ 2 年，3 = 2 ~ 3 年，4 = 3 ~ 5 年，5 = 5 ~ 10 年，6 = 10 年以上）。为控制组织多样性的潜在影响，将行业类型设计成 1 代表“服务行业”，2 表示“制造行业”，3 代表“贸易行业”。工作职位设置了 4 个选项（1 = 一线生产或销售人员，2 = 基层行政人员，3 = 中层管理者，4 = 高层管理者）。所在企业性质设置了 3 个选项（1 = 国企或事业单位，2 = 民营企业，3 = 外企），企业规模设置了 4 个选项（1 = 100 人以下，2 = 100 ~ 500 人，3 = 501 ~ 1000 人，4 = 1000 人以上）。

4.2 数据分析方法

采用 SPSS18.0 及 AMOS18.0 统计分析软件对 876 份有效问卷的数据进行分析。具体统计方法主要包括：描述性统计分析、信度分析、效度分析、相关分析和回归分析。

4.2.1 描述性统计分析

描述性统计分析的目的是描述样本的基本情况。在问卷数据分析中，通常应首先对被调查者的人口统计数据进行分析和总结，如人数分布、性别、年龄、职业分布等，从而在一定程度上反映出样本的总体代表性，以及抽样调查是否存在系统误差（systematic error）等，并以此证明后续相关分析的代表性和可信度。因此，将通过描述性统计分析对被调查者的人口统计特征进行分析总结，以确定抽样的有效性和样本的代表性。

4.2.2 信度分析

效度（validity）和信度（reliability）两方面被用来评价一个量表（measurement scale）的质量高低。信度是指测量的可信程度，即可靠性。主要表现测量结果的一贯性、一致性、再现性和稳定性。信度只受随机误差（random error）影响，随机误差越大，测验的信度越低。因此，信度也可视为测量结果受随机误差影响的程度。系统误差产生恒定效应，不影响信度。

信度系数是衡量测量好坏的一个重要技术指标，测量的信度系数通常用 Cronbach's α（又称克隆巴赫 α 系数）表示，它表明表中每一题项得分间的一致性。该方法适用于项目多重记分的测验数据或问卷数据，可以用该系数测量累加李克特量表的信度。一般认为，信度系数越大，问卷题项与题项之间的相关性越大，从而量表的内部一致性也越高。具体的判别标准是：信度系数 α 值大于 0.9，则该测验或量表的信度甚佳；α 值如果在 0.7 以上，则该量表应进行修订，但仍具有良好的信度，不失价值；通常认为量表可接受的最低信度为 0.5（卢纹岱，2010）。

4.2.3 效度分析

在统计学中效度是指量表是否能够测量到其所要测量之潜在概念，经常被定义为测量的正确性。因此，效度系数越高，表示越能够测量到想要测量的概念。常用检验效度的指标主要有内容效度（content validity）、效标关联效度（criterion-related validity）及构念效度（construct validity）等。

内容效度是指测量工具是否涵盖了它所要测量的某一构念的所有方面或内容。判断一个测量工具的内容效度，大多靠研究者的判断或相互交流（荣泰生，2009）。

效标关联效度是指多个潜变量之间的关系。如假定某一个潜变量会对另一个潜变量有正向作用（positive effect），那么可以利用路径模型（path model）等方式来检测效标关联效度。

构念效度包括聚合效度（convergent validity）和判别效度（discriminant validity）两部分。当以问卷题目或其他观察变量测量潜变量的时候，观察变量和潜变量之间是有一定假设的，即假设了以哪些观察变量来测量潜变量，同时不同潜变量之间是否能够显著区分开来。其中，前者就是聚合效度，即指不同的观察变量是否可用来测量同一潜变量，后者为判别效度，即指不同的潜变量是否存在显著差异。可以通过验证性因子分析（Confirmatory Factor Analysis，CFA）检验聚合效度，以判断观察变量与潜变量之间的假设关系是否与数据吻合。对于判别效度，可以通过检测各个潜变量之间的相关系数是否显著低于1来判断（陈晓萍等，2008）。

4.2.4 相关分析

研究变量间关系密切程度的一种常用的统计方法就是相关分析。线性相关分析是研究两个变量间线性关系的方向和强弱程度的，用相关系数来表示这一统计量，通常符号为 r（卢纹岱，2010）。正态分布的等间隔测度变量之间的相关系数采用 Pearson 相关系数表示。而非正态分布的数据，则用 Spearman 相关系数表示。相关系数绝对值越大，表明相关性越强。相关系数的符号也表示相关的方向。本书进行相关分析是为了验证研究中主要变量，即组织公平、员工建言和工作产出三者之间的相关程度，以及相关方向如何。需要注意的是，相关分析仅仅验证了变量间的密切程度，并不能够明确测量二者的因果逻辑关系。

4.2.5 回归分析

变量与变量之间的关系可分为确定性和非确定性关系两类。其中用函数表达确定性关系。而回归分析是研究变量间的非确定性关系、构造变量间经验公式的数理统计方法，在社会科学等领域得到了广泛应用。

当自变量与因变量之间呈线性关系时，则可以构造线性回归方程。根据参与线性回归的自变量个数，可分为一元线性回归方程和多元线性回归方程。回归分析的过程可分为：模型建立、估计参数、检验模型、预测或应用。对回归方程的检验，包括检验方程拟合优度、方程显著性、回归系数显著性。对拟合优度检验通常使用 R^2 判定系数与校正 R^2，R^2 越接近 1，表示回归模型所解释的因变量变异的百分比也越高，说明方程对样本数据点的拟合优度越高。通常使用统计量 F 检验方程显著性，假设总体回归系数均为 0。当 F 值大于临界值时，说明回归效果显著。使用统计量 T 检验回归系数的显著性，当 T 值大于临界值时，说明回归方程有效。本书所关注的是组织公平、员工建言与工作产出等构念之间理论联系的真实性与稳定性，因此根据以上分析内容，可以采用线性回归分析方法。

4.3 构念操作化定义

实证研究可使用的度量工具之一为量表。以往学者在研究中，经过严谨的开发和论证，创造了具有研究价值的量表，为本书所研究的各个构念提供了有意义的参考和测量工具。本书所使用的量表中，包括英文原版量表和中文成形的量表。对于所有英文量表，都采用了“回译”（back translation，Brislin，1980）的方法，即用两组不同的研究人员分别翻译同一个量表。比如，将量表英译中之后，由另一组研究人员将量表再进行中译英，两组研究人员可共同研究在双重翻译中产生的差异，并予以解决。这种反向翻译的重点在于提高翻译的准确程度，可以有效地帮助研究人员减少在翻译中出现的主观偏差。

本书回译的具体做法是，邀请了一位正在美国留学的中国博士研究生（组织行为专业）将英文量表翻译成中文，然后再请具有英文专业水平的研究生将中文量表翻译成英文，通过两次的互译能够比较并确定量表语句表达的一致性。同时，在推敲中英文量表的语义时，为确保量表的原意，还邀请从事人力资源管理和组织行为学教学和科研工作多年的教授进行审阅，最终形成了量表和对应问卷的初稿，从而也确保了量表的内容效度。除测量的主要构念之外，还包括八项人口统计变量，包括年龄、性别、教育程度、所从事的行业、所在企业性质、所在企业规模、工作年限、工作职位。

4.3.1 组织公平

对于组织公平三部分的测量基于 Niehoff 和 Moorman（1993）开发的西方量表，这一量表被应用到了中国的情境下，并证明有良好的质量（何轩，2010），因此本书直接引用翻译成中文的量表版本。原量表测量分配公平的有 4 项，测量程序公平的有 4 项，测量互动公平的有 6 项，共 14 个题项。题项内容见表 4.1。

表 4.1 组织公平量表内容

构念	量表题项	文献来源
分配公平	1. 分配给我的工作日程或安排是公平的	Niehoff 和 Moorman（1993）；何轩（2010）
	2. 我认为我的收入水平是公平的	
	3. 我认为分配给我的工作量是公平的	
	4. 我觉得分配给我的工作职责是公平的	
程序公平	5. 组织高层领导是在一种无偏见的状态下进行工作决策的	
	6. 组织高层领导在决策前会收集充分的、正确的信息	
	7. 当下级提出申请时，上级会阐明一些关于决策的补充信息	
	8. 组织做出的决策对于所有员工都是一致适用的	
互动公平	9. 当在做与我工作相关的决策时，上级会善意地对待我	
	10. 当在做与我工作相关的决策时，上级会尊重我，考虑到我的尊严	
	11. 当在做与我工作相关的决策时，上级会考虑我的个人需求	
	12. 当在做与我工作相关的决策时，上级会以符合实际的方式进行	
	13. 当在做与我工作相关的决策时，上级会与我商谈其内涵	
	14. 上级会公正地评价我的工作	

4.3.2 员工建言

对于员工建言的测量分为两部分，包括建言感知与建言行为。其中建言机会感知与功效性作为建言感知的测量题项，参考了国外学者在实验研究中所使用的量表（Avery，2002），用 2 个题项“在工作中您是否感受到了发表建言的机会”与“您提出的建言实际上有多少得到了组织或管理者的采纳”进行测量。

对于建言行为，将其定义为带有挑战性和助长性的主动行为，包括为改善现状所进行的带有变革导向和建设性的沟通与表达（LePine，2001）。采用梁建、唐京（2009）在研究中所使用的中文量表对其进行测量，共包含 11 个测量题项。采用该量表的原因在于：首先，该量表是针对中国情境下的组织所开发的测量工具，突破了以往量表仅在西方组织情境下对建言行为进行测量；其次，该量表既具有较好的心理学特性，又具有稳定的二维结构，分为抑制性建言与促进性建言两个维度。因此，该量表适用于本书。具体内容如表 4.2 所示：

表 4.2　员工建言量表内容

构念	量表题项	文献来源
抑制性建言	1. 当单位内的工作出问题时，我敢于指出，不怕得罪人	梁建和唐京（2009）
	2. 就可能会造成单位损失的严重问题，我实话实说，即使其他人有不同意见	
	3. 我敢于调整单位中那些过时的、有碍效率的规章制度	
	4. 我积极向单位领导反映工作中出现的不协调问题	
	5. 我敢于对单位中影响效率的现象发表意见	
	6. 我及时劝阻单位内其他员工影响工作效率的不良行为	
促进性建言	7. 我积极地提出了会使单位受益的新方案	
	8. 我就改善单位工作程序积极地提出了建言	
	9. 我主动提出帮助单位达成目标的合理化建言	
	10. 我提出了可以改善单位运作的建设性意见	
	11. 就单位中可能出现的问题，我会思考并提出自己的建言	
建言感知	12. 您提出的建言实际上有多少得到了组织或管理者的采纳	Avery（2002）
	13. 在工作中您是否感受到了发表建言的机会	

4.3.3 工作产出

（1）组织承诺。组织承诺的定义是“对组织目标和价值观的接受和信任，愿意为组织利益做出极大的努力，强烈希望保持组织成员的身份”（Mowday et al.，1979）。对组织承诺的测量，采用了 Chen 和 Francesco（2003）所采用的6题项的情感承诺量表。该量表曾被其他学者应用于新加坡、中国等的文化环境（Hui et al.，2004；Zhang & Zheng，2009），被证明具有较高的内部一致性。题项包括“我愿意将我未来的职业生涯奉献给这个组织”、“在组织内我没有感受到是大家庭的一分子”（反向计分）等。在量表中设置了3项反向题项，以此提示作答者，从而更好地判断并保证问卷的有效程度。

（2）对主管承诺（主管忠诚）的测量，采用了 Farh 等（1998）研究中的量表，该量表选自 Podsakoff 等（1990）开发的6题项量表，选取了载荷度最高的4个题项，代表了员工对其主管上级的承诺或忠诚度：“我完全相信我的上级是正直的”、“我的上级会试图以欺骗员工而牟取私利”（反向题项）、“我对我的主管上级具有强烈的忠诚度”，以及“几乎在任何紧急的情况下我都会支持我的主管”。这4个题项在以往研究中被证明具有较好的信度效度（Farh et al.，1998）。

（3）对工作满意度的测量，采用了 Kanika（2007）在研究中所采用的量表，该量表参考了 Douglas（1999）的量表。针对本书所关注的工作本身、组织整体和主管3个方面，选取了工作满意度量表中相关度最高的3个题项，“我对目前的工作感到满意”“总体而言，我喜欢在现在的单位工作”等，该量表在多次研究中被证明具有良好的信度效度（Elanain，2010）。

（4）对离职倾向的测量，采用了 Farh 等（1998）的3题项量表。题项包括“我经常考虑辞去现在的工作”“我可能会在未来一年内找一份新工作”等。这一量表在其他研究中被证实了具有良好的信度效度（Aryee et al.，2002）。

（5）对薪酬满意度的测量，同样采用了 Farh 等（1998）的4题项量表，题项包括对目前薪酬、加薪、年度奖金，以及薪酬整体水平的满意度调查。

工作产出各个子变量题项内容见表 4.3。

表 4.3 工作产出量表内容

构念	维度	量表题项	文献来源
员工承诺度	组织承诺	1. 我很乐意在这个组织中度过我余下的职业生涯 2. 我真的觉得似乎组织的问题就跟我自己的问题一样 3. 我不觉得对我的组织有强烈的归属感（R） 4. 我不觉得眷恋这个组织（R） 5. 在组织内我没有感受到是大家庭的一分子（R） 6. 这个组织对我个人具有重要意义	Chen 和 Francesco（2003）
	主管承诺	7. 我完全相信我的上级是正直的 8. 我的上级会试图欺骗员工而牟取私利（R） 9. 我对我的主管上级具有强烈的忠诚度 10. 几乎在任何紧急的情况下我都会支持我的主管	Farh 等（1998）；Podsakoff 等（1990）
满意度与离职倾向	工作满意度	11. 总体而言，我对目前的工作感到满意 12. 总体而言，我喜欢在现在的单位工作 13. 总体而言，我喜欢与我的上级主管共事	Elanain（2010）；Kanika（2007）
	薪酬满意度	14. 对目前的薪酬感到满意 15. 对最近的一次加薪感到满意 16. 对年度奖金感到满意 17. 对薪酬的整体水平感到满意	Farh 等（1998）
	离职倾向	18. 我经常考虑辞去现在的工作 19. 我可能会在未来一年内找一份新工作 20. 我打算开始向朋友或他人打听其他工作机会	Farh 等（1998）

4.3.4 传统性

传统性的原始测量量表有 15 个题项，但是一些不适用于当代情境。参照 Farh 等（1997）的研究，选取了其中 5 个具有最高载荷的题项，如表 4.4 所示。这一量表已经被成功地运用到了来自中国台湾（Farh et al.，1997）、中国香港（Farh et al.，1998）和中国大陆（Hui et al.，2004）样本的研究中。在这些研究中，量表的阿尔法系数分别为 0.60、0.76 与 0.74，这反映出了传统中国社会中遵从权威的普遍范围，包括家庭（父母对孩子，丈夫对妻子）、政治领域（国家领导对公民），以及普遍的社会关系（资历高的前辈对资历低的新人）。如表 4.4 所示。

表 4.4　传统性量表内容

构念	量表题项	文献来源
传统性	1. 当人们发生争论时，他们应该请最有资历的前辈来判断对错 2. 孩子应该尊重那些他们父母所尊重的人 3. 避免错误的最好方法就是遵从有资历的前辈们的指示 4. 在结婚前，女性应当服从父亲；结婚后，应当服从于丈夫 5. 国家领导人就像一家之主一样，公民应当服从他在所有国家问题上的决定	Farh 等（1997）

4.4　信度与效度分析

各量表的信度可采用内部一致性检验，通过 Cronbach's α 进行判断，一般认为删除题项后的 α 系数大于 0.7 即证明量表具有较高的信度。对于效度，由于本书所选取的量表均是成熟的、得到广泛使用的量表，并在测量前经过专业领域专家的校对，因此认为各量表内容效度较好，不再进行赘述，主要分析量表的构念效度，所采用的方法为因素分析。因素分析可分为探索性因子分析（EFA）与验证性因子分析（CFA）方法。这两种分析方法最大的不同在于，测量理论架构在分析过程中所扮演的角色与检验时机（吴明隆，2009）。就 EFA 而言，测量变量的理论架构是因素分析后的产物，所要达成的是建立量表或问卷的建构效度，而 CFA 则是要检验此建构效度的适切性与真实性，采用验证性因子分析进行检验。验证性因子分析专门用于验证一般意义上的确认因素在特定环境和样本中是否继续存在，因素之间是否有明显的互相涵盖性，变量之间的关联性是否有效等。通过验证性因子分析，能够检验模型的组合信度与效度，即模型的内外部质量。

组合信度（composite reliability）是除了个别观察变量的项目信度，还需检验因素的信度，即潜在变量的建构信度（construct reliability）。组合信度主要是评价一组潜在构念指标的一致性程度，亦即所有测量指标分享该因素构念的程度，此信度指标也属于内部一致性指标，组合信度越高，表示测量指标间越有高度的内在关联存在。除此之外，潜在变量的平均方差抽取值（Average Variance Extracted，AVE）代表了相对于测量误差变异量的大小，潜在变量构念所能解释指标变异量的程度。当 AVE 高于 0.5 时，表示观察变量被其潜在变量解释的变异量，远高于其被测量误差所解释的变异量，即潜在变量具有良好的操作化测量定义（吴明隆，2009）。一般认为，当标准化因子载荷值介于 0.5~0.95，AVE 大于 0.5，组合信度值大于 0.6 时，能够说明模型内在质量较高（陈晓萍等，2008；吴明隆，2009）。

除此之外，还要检验整体模型的外部质量，即通过模型整体适配指标卡方值与自由度比值（小于 3，介于 3~5 视为可接受）、拟合优度指数 GFI、调整拟合优度指数 AGFI、规范拟合指数 NFI、修正拟合指数 IFI、比较拟合指数 CFI（以上指数均应大于 0.9，大于 0.85 视为可接受）与近似误差均方根 RMSEA（介于 0.05~0.08 视为较好的适配）等进行检验（Bagozzi & Yi，1988）。而对于判别效度的检验，需要首先得出每个潜变量的 AVE 值平方根和各构念之间的相关系数，然后将 AVE 平方根与相关系数值进行比较。当 AVE 值的平方根大于各构念的相关系数时，则认为量表具有良好的判别效度（吴明隆，2009）。

4.4.1 量表建构效度的检验

测量本书构念的量表中，除了组织公平构念所使用的成熟量表未作改动之外，工作产出与员工建言量表都是经过理论回顾提出修订的量表。因此，在正式量表发放之前，需要通过探索性因子分析检验所提出修订意见的合理性，即各量表的建构效度，并通过验证性因子分析检验量表模型的拟合优度。

探索性因子分析的样本主要来自吉林省长春市与辽宁省大连市几家企业的员工。为满足探索性因子分析的样本需要，即不低于 384 份（吴明隆，2009），共计发放预测试问卷 500 份，回收问卷 487 份，问卷回收率为 97.4%；其中有效问卷 460 份，问卷有效率为 92.0%。

对于验证性因子分析，为保证分析结果的准确性，避免因与探索性因子分析使用同一样本而造成统计上必然的拟合优度，本书参考吴明隆（2009）的建议，采用第二次发放的问卷作为验证性因子分析样本，主要来自烟台、上海、北京、宁波等城市企业的员工，共发放问卷 500 份，回收 441 份，问卷回收率为 88.2%，有效问卷为 416 份，问卷有效率为 83.2%。两次问卷合计发放 1000 份，共回收 928 份问卷，有效问卷合计 876 份，有效问卷的回收率为 87.6%。

（1）描述性统计分析。

预测试样本的基本资料如表 4.5 所示。其中个人信息包括：性别、年龄、学历、工作职位、工作年限等。人口统计变量等特征是为了满足对组织公平感知、员工建言以及工作产出等变量的研究，以便于对不同年龄、性别以及不同岗位员工在上述变量的反映和体现上加以比较。例如男性与女性员工、不同年龄段的员工以及一线员工与管理人员都是如何看待三者之间关系的，是否存在显著差异。同时对于传统性的考察也涉及人口统计变量的影响，Farh 等（1997）在研究中指出，不同性别与年龄的员工在传统性上的得分有所差异。对于工作职位的调查是为了满足本书对组织公平感知与工作产出构念中对研究对象的限定，即根据社会交换对象的不同层面，将研究对象分为一线员工、基层管理者、高层管理者等。有学者验证了工作年限对员工建言的影响（Avery et al., 2011），因此，工作年限也被纳入基本信息的调查中。此外，不同的企业类型和规模下，无论员工建言体制的建立和完善程度，还是员工思想的传统程度都有差别。

根据统计结果，在性别方面，男性占 45.4%，比例略低于女性。在年龄分布上，21~30 岁的员工占比较高，为预测试样本的 61.5%。在学历方面，具有本科及以上学历水平的员工占到总数的 72.2%，说明预测试对象的受教育程度较高，对问卷的题项能够合理地理解。从事一线生产或销售工作和基层管理人员占到调查比例的 67.1%，符合研究构念所界定的研究对象的要求。从工作年限来看，79.6%员工的工作时间超过了 1 年，能够保证预测试对象对组织公平感与建言体制等概念具有一定程度的感知。此外，预测试样本较为平均地分布在了服务行业、制造行业与贸易行业；企业性质则分布在国企及事业单位、民营企业与外企之间；企业规模不高于 500 人及 500 人以上的企业比例较为平均，分别为 53.5%与 46.5%。

表 4.5 预测试样本描述性统计分析

类别	组别	样本数	百分比（%）	总计
性别	男	209	45.4	460
	女	251	54.6	
年龄	20 岁及以下	9	2.0	460
	21~30 岁	283	61.5	
	31~40 岁	91	19.8	
	41~50 岁	73	15.9	
	50 岁以上	4	0.8	
学历	初中及以下	6	1.3	460
	高中	22	4.8	
	大专	100	21.7	
	大学本科	228	49.6	
	硕士及以上	104	22.6	
工作职位	一线工作人员	100	21.7	460
	基层管理人员	209	45.4	
	中层管理人员	92	20.0	
	高层管理人员	59	12.9	
工作年限	1 年以下	94	20.4	460
	1~2 年	84	18.3	
	2~3 年	64	13.9	
	3~5 年	113	24.6	
	5~10 年	59	12.8	
	10 年以上	46	10.0	
所从事行业	服务行业	185	40.2	460
	制造行业	135	29.4	
	贸易行业	140	30.4	

续表

类别	组别	样本数	百分比（%）	总计
所在企业的性质	国企或事业单位	193	42.0	460
	民营企业	150	32.6	
	外企	117	25.4	
所在企业的规模	100人以下	120	26.1	460
	100~500人	126	27.4	
	501~1000人	78	16.9	
	1000人以上	136	29.6	

（2）工作产出探索性因子分析。

根据文献回顾与理论梳理，工作产出的量表由各个分量表构成，包括工作满意度、组织承诺、主管承诺、离职倾向与薪酬满意度五个态度变量，因此需要对其理论架构进行探索性因子分析。

运用SPSS18.0进行探索性因子分析的结果表明，将所有题项进行方差极大化旋转后，主管承诺量表中第二个题项“我的上级主管不会试图以欺骗员工而牟取私利”（进行了反向题项处理）的因子载荷度小于0.5。因而删除了该题项后进行第二次因子分析，分析结果表明，各指标满足了研究要求：经旋转量表中各因子的负荷均超过0.60，KMO值大于0.70，Bartlett's Test显著性为0.000，累积解释方差超过60%。对于因子的划分，离职倾向、工作满意度与薪酬满意度分别落在了三个因子上，而组织承诺与主管承诺的题项未能进行较好的区分，共同落在了第四个因子上，因此需要通过验证性因子分析对组织承诺与主管承诺的结构进行验证，通过比较四因子模型（不区分组织承诺与主管承诺）与五因子模型（区分组织承诺与主管承诺）的拟合优度，得出更优的模型理论架构。

表4.6列出了验证性因子分析的结果，结果表明，将四因子模型、五因子模型进行比较发现，只有五因子模型满足了整体配适度的指标要求，并且拟合优度远远高于四因子模型，因此可以判断，将组织承诺与主管承诺区分开来，具有理论架构上的优越性。因此后续研究中将采用探索性因子分析之后修订的量表，即删除主管承诺题项SC2，并将对“组织承诺”

（OC）与“主管承诺”（SC）两个维度分别进行研究。

表 4.6 工作产出验证性因素模型比较分析

模型	拟合优度指标						
	χ^2/df	GFI	AGFI	NFI	IFI	CFI	RMSEA
四因子模型	8.343	0.750	0.675	0.820	0.838	0.837	0.126
五因子模型	2.823	0.923	0.893	0.943	0.962	0.962	0.063

（3）员工建言探索性因子分析。

根据文献回顾与理论梳理，员工建言的量表，在建言行为的基础上加入了员工建言感知（包括建言机会感知与建言效果感知）这一维度，因此需要通过探索性因子分析进行建构效度的检验。

表 4.7 所列出的结果表明，当只有建言行为各题项进行因子旋转时，不能区分原建言行为量表所提出的抑制性建言与促进性建言两个维度，只有当建言感知两个题项加入因子旋转时，才能区分出两个维度，建言机会感知与建言功效感知均落在了促进性建言行为的维度中。同时，各指标满足了研究要求：经旋转量表中两个因子的负荷均超过 0.60，KMO 值大于 0.70，Bartlett's Test 显著性为 0.000，累积解释方差超过 60%。

表 4.7 员工建言量表的探索性因子分析结果

题项	旋转后因子载荷	
	因子 1	因子 2
抑制性建言 1	0.2210	0.816
抑制性建言 2	0.248	0.803
抑制性建言 3	0.477	0.649
抑制性建言 4	0.426	0.703
抑制性建言 5	0.492	0.674
抑制性建言 6	0.448	0.609
促进性建言 1	0.761	0.394
促进性建言 2	0.832	0.330
促进性建言 3	0.835	0.334

续表

题项	旋转后因子载荷	
	因子 1	因子 2
促进性建言 4	0. 792	0. 362
促进性建言 5	0. 710	0. 423
建言机会感知 VO	0. 722	0. 295
建言效果感知 VI	0. 707	0. 269
KMO = 0. 950，Bartlett's Test = 0. 000，累积解释方差为 69. 06%		

随后，按区分好的两因子模型（抑制性建言与促进性建言）进行验证性因子分析，结果表明模型的拟合优度较低，没有达到整体适配度的指标要求。根据员工建言的文献回顾可知，建言感知与建言行为应该作为员工建言的不同维度进行区分，而不应与建言行为混淆在一起作为测量员工建言的指标（Avery，2002），因此，为验证三因子模型（抑制性建言、促进性建言与建言感知）的理论架构，在第二次 CFA 检验时将建言感知的两个题项抽出作为第三个因子的观测变量，与抑制性建言、促进性建言一同进行验证。结果表明，三因子模型的卡方与自由度比值小于 3，而两因子模型大于 5，同时，三因子模型各拟合指数均高于两因子模型，近似误差均方根 RMSEA 在三因子模型中小于 0. 08，而在两因子模型中则大于 0. 09，综上可知三因子模型的拟合优度均优于两因子模型，并达到了模型整体适配度指标的各项要求（见表 4. 8）。

通过对员工建言的探索性因子分析可知，建言感知应被纳入员工建言潜变量的测量因子中，但 EFA 并没有将其与建言行为很好地区分开，通过进一步的 CFA 模型优度比较发现，建言感知在作为员工建言的一个独立的测量因子时模型优度最佳，因此在理论上验证了 Avery（2002）所提倡的应将建言感知与建言行为区别对待，共同作为员工建言的预测变量，即员工建言潜在变量应由建言行为的两因子与建言感知因子所构成。因此，本书修订的员工建言量表具有理论架构上的合理性和结构效度，可以在以后的分析中采用，下两节将利用合计的 876 份有效问卷对修订后的量表进行信度和效度检验。

表 4.8　员工建言验证性因素模型比较分析

模型	拟合优度指标						
	χ^2/df	GFI	AGFI	NFI	IFI	CFI	RMSEA
两因子模型	5.053	0.902	0.860	0.930	0.943	0.943	0.094
三因子模型	2.680	0.946	0.921	0.964	0.977	0.977	0.061

4.4.2　信度分析

对于各个量表的信度分析，利用 SPSS18.0 进行可靠性分析，采用删除题项后的 Cronbach's α 系数作为衡量指标。

（1）组织公平量表的内部一致性分析。

组织公平量表的信度分析结果如表 4.9 所示。由表 4.9 可知，组织公平量表 Cronbach's α 值为 0.938，各题项的信度系数也均大于 0.9，符合高信度的指标要求。尽管该量表开发于西方情境的组织中，但在中国本土的文化情境中，组织公平的测量表现出了一定的可靠性和内部一致性。因此，组织公平量表的信度符合研究要求，在后续的实证研究中将予以采用。

表 4.9　组织公平量表信度分析

	构念	题项	维度 Cronbach's α	构念 Cronbach's α
组织公平（OJ）	分配公平（DJ）	DJ 1	0.934	0.938
		DJ 2	0.936	
		DJ 3	0.934	
		DJ 4	0.933	
	程序公平（PJ）	PJ 1	0.935	
		PJ 2	0.934	
		PJ 3	0.934	
		PJ 4	0.936	
	互动公平（IJ）	IJ 1	0.932	
		IJ 2	0.931	
		IJ 3	0.931	
		IJ 4	0.931	
		IJ 5	0.933	
		IJ 6	0.931	

（2）员工建言量表的内部一致性分析。

员工建言量表的信度分析结果如表4.10所示。由表4.10可知，员工建言的Cronbach's α值为0.946，而且其中各题项的Cronbach's α值也都大于0.9，证明了员工建言量表的高信度，尤其是将建言机会感知与建言功效性同建言行为一起作为衡量员工建言的标准具有较高的可靠性。这些数据符合Avery（2002）的研究中对员工建言量表信度评估的结果。另外，通过信度分析还可以看出，员工建言量表和各个维度的题项均具有相当程度的内部一致性。因此，该量表的信度符合本书的要求，在后续的实证研究中将予以采用。

表4.10　员工建言量表信度分析

构念	维度	题项	维度 Cronbach's α	构念 Cronbach's α
员工建言（EV）	建言行为（VB）	VB 1	0.945	0.946
		VB 2	0.944	
		VB 3	0.942	
		VB 4	0.942	
		VB 5	0.941	
		VB 6	0.944	
		VB 7	0.941	
		VB 8	0.940	
		VB 9	0.940	
		VB 10	0.941	
		VB 11	0.941	
	建言感知（VP）	VO	0.943	
		VI	0.944	

（3）工作产出量表内部一致性分析。

工作产出量表的信度分析如表4.11所示。由表4.11可知，工作产出量表的Cronbach's α值为0.802，大于0.8，说明该量表具有良好的信度。这一分析结果符合Farh等（2007）、Chen等（2011）的研究中对该量表的评价。另外，信度分析还表明工作产出量表各个题项之间具有较高的内部一致性，Cronbach's α值均大于0.7。因此，从预测试的结果来看，工作产出量表符合本书对量表信度的要求，在后续的实证研究中将予以采用。

表 4.11　工作产出量表信度分析

构念	维度	题项	维度 Cronbach's α	构念 Cronbach's α
工作产出（WC）	组织承诺（OC）	OC 1	0.771	0.802
		OC 2	0.776	
		OC 3	0.776	
		OC 4	0.818	
		OC 5	0.807	
		OC 6	0.810	
	主管承诺（SC）	SC 1	0.776	
		SC 3	0.777	
		SC 4	0.780	
	工作满意度（JS）	JS 1	0.775	
		JS 2	0.772	
		JS 3	0.775	
	离职倾向（IL）	IL 1	0.835	
		IL 2	0.833	
		IL 3	0.836	
	薪酬满意度（PS）	PS 1	0.778	
		PS 2	0.779	
		PS 3	0.780	
		PS 4	0.777	

（4）传统性量表内部一致性分析。

从传统性量表的信度分析结果可知（见表 4.12），传统性量表的 Cronbach's α 值为 0.766，大于 0.7，说明该量表具有良好的信度。另外，传统性量表各个题项之间具有较高的内部一致性。因此，从预测试的结果来看，传统性量表符合本书要求，在后续的实证研究中将予以采用。

表 4.12　传统性量表信度分析

构念	题项	维度 Cronbach's α	构念 Cronbach's α
传统性（T）	T 1	0.722	0.766
	T 2	0.750	
	T 3	0.697	
	T 4	0.739	
	T 5	0.705	

4.4.3 效度分析

在效度分析部分，首先，参照整体适配度指标的理想取值范围标准、标准化因子负载（factor loading）和 AVE 的取值标准，对各潜变量进行确定性因子分析以检验其各自的聚合效度；其次，采用不同潜变量 AVE 的均方根与不同变量之间的相关系数比较进行区分效度检验。研究表明，如果潜变量与其测量条款共有的方差多于其他潜变量共有的方差，则具有了区分性（Bagozzi，1981）。

（1）组织公平量表的效度分析。

从组织公平量表验证性因子分析的结果可见（见表 4.13），组织公平量表中各题项的标准化因子载荷数值都大于 0.7，信度系数均大于 0.5，说明基本适配指标理想。此外，各维度组合信度均大于 0.8，AVE 值均高于 0.6，可以判断该模型具有较高的内在质量。与此同时，模型整体适配指标均达到了拟合标准，其中卡方与自由度比值小于 3，各个拟合指数均大于 0.9，RMSEA 小于 0.08，由此证明了模型具有较高的外在质量。上述指标共同表明组织公平量表具有较高的聚合效度。

表 4.13 组织公平量表聚合效度分析

维度	指标	标准化因子载荷	信度系数 R^2	测量误差	组合信度 CR	AVE
分配公平	DJ 1	0.809	0.654	0.346	0.886	0.662
	DJ 2	0.711	0.506	0.494		
	DJ 3	0.856	0.733	0.267		
	DJ 4	0.868	0.753	0.247		
程序公平	PJ 1	0.780	0.608	0.392	0.859	0.604
	PJ 2	0.833	0.694	0.306		
	PJ 3	0.766	0.587	0.413		
	PJ 4	0.725	0.526	0.474		

续表

维度	指标	标准化因子载荷	信度系数 R^2	测量误差	组合信度 CR	AVE
互动公平	IJ 1	0.843	0.711	0.289	0.940	0.725
	IJ 2	0.873	0.762	0.238		
	IJ 3	0.855	0.731	0.269		
	IJ 4	0.861	0.741	0.259		
	IJ 5	0.808	0.653	0.347		
	IJ 6	0.866	0.750	0.250		
整体适配指标值：$\chi^2/df=2.688$，GFI=0.943，AGFI=0.920，NFI=0.959，IFI=0.974，CFI=0.973，RMSEA=0.061						

表 4.14 显示了组织公平量表的判别效度检验结果，该表中对角线括号中为组织公平三个因子对应 AVE 的平方根，对比对角线的值与各因子之间的相关系数可知，各因子 AVE 平方根均显著高于其所在行和列的相关系数值，说明该量表具有很高的判别效度。

表 4.14 组织公平量表判别效度分析

因子	分配公平	程序公平	互动公平
分配公平	(0.814)	—	—
程序公平	0.683***	(0.777)	—
互动公平	0.662***	0.689***	(0.851)

注：***表示在 0.001 水平上显著相关。

（2）员工建言量表的效度分析。

对修订后的员工建言量表进行验证性因子分析，结果如表 4.15 所示。由表 4.15 可见，量表中各题项的标准化因子载荷数值都大于 0.7，信度系数均大于 0.5，说明基本适配指标理想。此外，各维度组合信度均大于 0.8，AVE 值均高于 0.5，可以判断该模型具有较高的内在质量。与此同时，模型整体适配指标均达到了拟合标准，其中卡方与自由度比值小于 3，各个拟合指数均大于 0.9，RMSEA 小于 0.08，由此证明了模型具有较高的外在质量。上述指标共同表明员工建言量表具有较高的聚合效度。

表 4.15　员工建言聚合效度分析

维度	指标	标准化因子载荷	信度系数 R^2	测量误差	组合信度	AVE
抑制性建言	VB 1	0.710	0.504	0.496	0.895	0.588
	VB 2	0.723	0.523	0.477		
	VB 3	0.784	0.615	0.385		
	VB 4	0.813	0.661	0.339		
	VB 5	0.834	0.696	0.304		
	VB 6	0.728	0.530	0.470		
促进性建言	VB 7	0.857	0.734	0.266	0.937	0.748
	VB 8	0.899	0.808	0.192		
	VB 9	0.895	0.801	0.199		
	VB10	0.866	0.750	0.250		
	VB11	0.804	0.646	0.354		
建言感知	VO	0.880	0.774	0.226	0.853	0.743
	VI	0.844	0.712	0.288		

整体适配指标值：$\chi^2/df=2.680$，GFI=0.946，AGFI=0.921，NFI=0.964，IFI=0.977，CFI=0.977，RMSEA=0.061

表 4.16 显示了员工建言量表的判别效度检验结果，该表中对角线括号中为员工建言三个因子对应 AVE 的平方根，对比对角线的值与各因子之间的相关系数可知，尽管抑制性建言的 AVE 值平方根（0.767）低于抑制性建言和促进性建言行为的相关系数（0.839），表明抑制性建言的判别效度相对较弱，与促进性建言的区分程度较低；但是建言感知的 AVE 平方根（0.862）显著高于其所在行的相关系数值，说明该因子不仅被潜在变量构念解释的变异量百分比较大，而且能够显著地与抑制性建言行为和促进性建言行为相区分，具有较高的判别效度，从而验证了本书提出的建言感知在员工建言这一潜变量中所具有的重要意义，同时可以在未来分析中将抑制性建言与促进性建言合并为建言行为这一维度。

表 4.16　员工建言量表判别效度分析

因子	抑制性建言	促进性建言	建言感知
抑制性建言	(0.767)	—	—
促进性建言	0.839***	(0.865)	—
建言感知	0.714***	0.763***	(0.862)

注：***表示在 0.001 水平上显著相关。

（3）工作产出量表的效度分析。

对测量工作产出量表的题项进行验证性因子分析，结果如表 4.17 所示。由表 4.17 可见，工作产出量表中除个别题项（OC 4）之外，各题项的标准化因子载荷数值均大于 0.7，信度系数均大于 0.5，说明基本适配指标理想。此外，所有维度的组合信度均大于 0.8，AVE 值均高于 0.6，可以判断该模型具有较高的内在质量。与此同时，模型整体适配指标均达到了拟合标准，其中卡方与自由度比值小于 3，各个拟合指数均大于 0.89，RMSEA 小于 0.08，由此证明了模型具有较高的外在质量。上述指标共同表明工作产出量表具有较高的聚合效度。

表 4.17　工作产出聚合效度分析

维度	指标	标准化因子载荷	信度系数 R^2	测量误差	组合信度	AVE
组织承诺	OC 1	0.869	0.755	0.245	0.838	0.634
	OC 2	0.765	0.585	0.415		
	OC 3	0.749	0.561	0.439		
	OC 4	0.637	0.406	0.594		
	OC 5	0.883	0.780	0.220		
	OC 6	0.789	0.623	0.377		
主管承诺	SC 1	0.799	0.638	0.362	0.874	0.699
	SC 2	0.897	0.805	0.195		
	SC 3	0.808	0.653	0.347		
工作满意度	JS 1	0.900	0.810	0.190	0.912	0.776
	JS 2	0.923	0.852	0.148		
	JS 3	0.816	0.666	0.334		

续表

维度	指标	标准化因子载荷	信度系数 R^2	测量误差	组合信度	AVE
离职倾向	IL 1	0.883	0.780	0.220	0.910	0.770
	IL 2	0.863	0.745	0.255		
	IL 3	0.887	0.787	0.213		
薪酬满意度	PS 1	0.894	0.799	0.201	0.925	0.755
	PS 2	0.825	0.681	0.319		
	PS 3	0.825	0.681	0.319		
	PS 4	0.927	0.859	0.141		
整体适配指标值：$\chi^2/df=2.823$，GFI=0.923，AGFI=0.893，NFI=0.943，IFI=0.962，CFI=0.962，RMSEA=0.063						

表4.18显示了工作产出量表的判别效度检验结果，该表中对角线括号中为各个因子对应AVE的平方根，对比对角线的值与各因子之间的相关系数可知，各个因子的AVE平方根均大于其所在的行列中的相关系数，表明工作产出量表具有较高的判别效度。

表4.18　工作产出量表判别效度分析

因子	OC	SC	JS	IL	PS
OC	(0.796)	—	—	—	—
SC	0.788***	(0.836)	—	—	—
JS	0.237***	0.742***	(0.881)	—	—
IL	-0.446***	-0.279***	-0.494***	(0.877)	—
PS	0.593***	0.046***	0.642***	-0.221***	(0.869)

注：***表示在0.001水平上显著相关。

(4) 传统性量表的效度分析。

对测量传统性的题项进行验证性因子分析，结果如表4.19所示。由表4.19可知，传统性量表各题项的标准化因子载荷数值均大于0.5，说明符合基本适配指标标准。此外，组合信度大于0.7，AVE值略低于0.5，可以判断该模型具有较好的内在质量。此外，模型整体适配指标均达到了拟合标准，其中卡方与自由度比值介于3和5，各个拟合指数均大于0.9，

RMSEA 小于 0.08，由此证明了模型具有较高的外在质量。上述指标共同表明传统性量表具有较高的聚合效度。

表 4.19　传统性量表聚合效度分析

构念	题项	标准化因子载荷	信度系数 R^2	测量误差	组合信度	AVE
传统性	1	0.632	0.399	0.601	0.77	0.404
	2	0.540	0.292	0.708		
	3	0.729	0.531	0.469		
	4	0.580	0.336	0.664		
	5	0.678	0.460	0.540		
整体适配指标值：$\chi^2/df=3.603$，GFI=0.984，AGFI=0.953，NFI=0.966，IFI=0.975，CFI=0.975，RMSEA=0.075						

（5）整体模型效度检验。

将组织公平、员工建言、工作产出和传统性的 AVE 平方根与各个变量之间的相关系数进行比较，从而检验对整体模型的判别效度。如表 4.20 所示，各个因子的 AVE 平方根均大于其所在的行列中的相关系数，表明各个构念能够较好地与其他构念相区别，整体模型具有较高的判别效度。

表 4.20　整体模型判别效度分析

	组织公平	员工建言	工作产出	传统性
组织公平	(0.820)	—	—	—
员工建言	0.653**	(0.821)	—	—
工作产出	0.744**	0.622**	(0.842)	—
传统性	0.376**	0.316**	0.447**	(0.636)

注：**表示在 0.01 水平上显著相关。

4.4.4　社会赞许性分析

社会赞许性反应倾向（Social Desirability Responding Tendency，SDRT）是影响调查与测量数据效度的最主要因素之一。它指的是，当用问卷调查与量表测量方法收集个体的态度、行为等数据时，人们受到某些社会规范的约束和影响（许多社会规范规定了什么样的态度与行为是社会所提倡的、被他人所称道的，或者相反），为了维护自尊、给人留下好印象，或者为了免受惩罚与批评，在作答时经常肯定自己拥有正向的特质，而否认自己拥有不被赞许的态度或行为（Ewards，1963；刘萃侠，2001）。但是目前在国内研究中，社会赞许性问题很少被管理学研究提及，也几乎没有被作为实证研究中检验数据效度的标准。何轩（2010）在研究员工沉默行为的时候进行了社会赞许性的检验，提倡未来研究重视社会赞许性的问题。

目前，许多研究者开发出了社会赞许性的检验方法，例如使用主成分删除法、中性或强制选择式题目、社会赞许性（SD）量表等。其中社会赞许性量表是最常用的一种方法，原因在于其使用灵活、方便、经济、适用范围广。使用最多的一种 SD 量表是马洛—克罗恩社会赞许性量表（以下简称 MCSD，Crowne & Marlowe，1960），用以删除高分者的数据，矫正数据或验证其他量具的效度，从而测量潜在的社会赞许性反应心理，即赞许需要（the need for approval）。然而已有的一些研究结果（Borkenau & Ostendorf，1992；McCrae & Costa，1983）表明，MCSD 的高分数并不意味着“装好”的程度就强，并不能良好地测量反应偏差。

因此，借鉴何轩（2010）的建议，本书采用了杨中芳教授开发的社会赞许性量表，是在国外量表基础上，根据中国人特征进行了修改的本土化量表，更适用于本书的要求（杨中芳，1996），见表 4.21。选取一些常人偶尔会犯的无伤大雅的错误作为量表题项，然后让调研对象回答是否自己在生活中偶尔也会犯这些错误（1 表示会，0 表示不会），当得分过低时，则证明该对象具有明显的社会赞许性倾向。由表 4.21 可见，社会赞许性量表整体与各题项的 Cronbach's α 均高于 0.7，整体适配指标也达到了拟合标准，其中卡方与自由度比值小于 2，各个拟合指数均大于 0.9，RMSEA 小于 0.05，由此证明了模型具有较高的外在质量，上述指标共同表明社会赞许性量表具有较高的聚合效度。

降低社会赞许性的方法是，运用相关分析检验社会赞许性量表各题项与研究中各个构念的相关性，如果相关系数过高，则说明调研对象在作答时有明显的社会赞许性倾向（何轩，2010）。按上述方法进行相关分析所得结果表明，社会赞许性题项除了与各个变量中的个别题项存在较低的相关性，与其他变量均不存在显著相关性。由于控制了发放问卷的过程，因此从整体上说本书的社会赞许性程度相对较低，说明尽管调研对象在回答问题的过程中存在一定的顾虑，但不足以影响研究结论。

表 4.21　社会赞许性（SD）量表信度分析

构念	题项描述	维度信度 α	构念信度 α
社会赞许性（SD）	1. 有时候我会讲几句别人的闲话	0.718	0.739
	2. 偶尔我也会随地丢纸屑	0.705	
	3. 有时我会假装生病，来推掉我不想做的事情	0.718	
	4. 有时我会忘记做已经承诺别人的事情	0.712	
	5. 有时我会控制不住自己而向别人发火	0.714	
	6. 偶尔我会将自己不喜欢做的事情推给别人做	0.705	
	7. 当听不懂别人讲话时，有时我也会点头假装听懂	0.720	
	8. 偶尔我也会迟到	0.727	
	9. 当售货员多找钱给我，我有时也会不出声地收下	0.730	
	10. 在街上看到别人吵架，我有时也会驻足观看	0.728	
整体适配指标值：$\chi^2/df=1.600$，GFI = 0.977，AGFI = 0.963，NFI = 0.908，IFI = 0.963，CFI = 0.963，RMSEA = 0.036			

4.4.5　同源误差分析

根据 Podsakoff 等（2003）的建议，对于同源方法误差（Common Method Variance，CMV）的解决可以从研究设计和研究过程上降低，同时也可以采用统计的方法。由于本书在程序上属于单一来源的汇报，即都是由员工一方个体填写的问卷，因此可能存在同源误差的问题，需要从统计方法上进行进一步的同源误差检验。

一种最常用的方法就是 Harman 单因子分析，研究者们通常使用这种方法将所有变量加载到一起进行探索性因子分析（Aulakh & Gencturk，2000），并检验未进行旋转的因子载荷，从而判断能够解释变量方差的因子数量。该方法的基本假设是，如果存在大量的同源方法误差，那么可能存在两种情况，一是因子分析的结果是产生单一的因子；二是一个因子解释了测量题项之间协方差的大部分。因此，本书借鉴 Podsakoff 和 Organ 的建议和做法，将问卷中的所有题项放在一起做因子分析，其中不进行旋转的第一个主成分就是同源误差的量，如果这个量不占大多数，那么同源误差就不足以影响研究结论。按照上述方法进行操作后发现，第一个主成分是 34.618%，所占比例相对较大，因此说明本书存在同源误差问题，应该在后续的分析中加以控制。为了尽可能降低这一问题，参照 Podsakoff 等（2003）的建议，在进行假设检验的时候，将可能的同源误差来源变量作为控制变量添加进模型方程，从而控制其对因变量的影响，就能够有效地从统计上控制并降低同源误差效应，而不仅仅是检验该效应的大小。因此在本书中，将社会赞许性这一同源误差的来源之一作为控制变量引入假设检验的回归分析方程，以降低同源误差的影响，同时降低社会赞许性的影响。

第 5 章　数据分析与讨论

根据上一章介绍的研究方法，本章将对正式问卷获取的数据进行分析，探究组织公平、员工建言、工作产出与传统性之间的关系，并验证各研究假设。所使用数据为两次合计收回的有效问卷，共 876 份。

5.1　描述性统计分析

5.1.1　样本描述

由于本书以企业员工为研究对象，因此，本书对大量企业进行了抽样。从结果可知，本次研究涵盖了国有企业、民营企业、外企三种企业组织形式，由频率分布表 5.1 可知，三种企业类型所占比例从大到小依次为国有企业、民营企业、外企。此外，对这些企业所在的行业和规模进行了调查，表 5.2、表 5.3 结果显示，受访企业所在行业比例分布依次为服务行业、制造行业和贸易行业；企业规模平均分布在 100 人以下、100~500 人、501~1000 人及 1000 人以上，即小型规模的企业与大型规模企业的比例基本相同。这些企业组织提供了有效的抽样总体，保证了数据获取的真实性和有效性。

表 5.1　受访企业组织类别分布情况

类别	频次	所占百分比（%）	有效百分比（%）	累计百分比（%）
国有企业	390	44.5	44.5	44.5
民营企业	253	28.9	28.9	73.4
外企	233	26.6	26.6	100.0
总计	876	100.0	100.0	—

表 5.2　受访企业所在行业分布情况

类别	频次	所占百分比（%）	有效百分比（%）	累计百分比（%）
服务行业	381	43.5	43.5	43.5
制造行业	255	29.1	29.1	72.6
贸易行业	240	27.4	27.4	100.0
总计	876	100.0	100.0	—

表 5.3　受访企业组织规模分布情况

类别	频次	所占百分比（%）	有效百分比（%）	累计百分比（%）
100 人以下	222	25.3	25.3	25.3
100~500 人	224	25.6	25.6	50.9
501~1000 人	194	22.2	22.2	73.1
1000 人以上	236	26.9	26.9	100.0
总计	876	100.0	100.0	—

从受访者工作年限的分布（见表 5.4）可知，受访者的工作年限为 3~5 年的最多，占受访总人数的 20.9%。具有 1~5 年工作年限的员工占 53.8%，为大多数。根据工作时间的长度判断，这些员工能够对组织中的公平、建言等变量有所体会，并且对于自己在工作中的心理状态有所觉察，因此，符合本书的需要。

表 5.4 受访者在目前公司工作年限分布情况

类别	频次	所占百分比（%）	有效百分比（%）	累计百分比（%）
1 年以下	164	18.7	18.7	18.7
1~2 年	154	17.6	17.6	36.3
2~3 年	134	15.3	15.3	51.6
3~5 年	183	20.9	20.9	72.5
5~10 年	129	14.7	14.7	87.2
10 年以上	112	12.8	12.8	100.0
合计	876	100.0	100.0	—

从受访者的工作职位分布看，一线工作人员、基层行政人员、中层管理者、高层管理者所占的比例分别为 22.8%、35.3%、21.9%、20.0%。如表 5.5 所示，受访对象较为均匀地分布在一线工作人员、基层行政人员以及中高层管理人员中。他们能够站在不同的角度理解组织中与公平、员工建言相关的概念及其关系。

表 5.5 受访者在目前公司从事岗位分布情况

类别	频次	所占百分比（%）	有效百分比（%）	累计百分比（%）
一线工作人员	200	22.8	22.8	22.8
基层行政人员	309	35.3	35.3	58.1
中层管理者	192	21.9	21.9	80.0
高层管理者	175	20.0	20.0	100.0
合计	876	100.0	100.0	—

从受访者性别分布看，男性占受访总人数的 49.0%，女性占 51.0%。由此可见，样本在性别方面的分布较为均衡，能够在一定程度上减少控制变量对分析所带来的干扰，见表 5.6。

表 5.6 受访者性别分布情况

类别	频次	所占百分比（%）	有效百分比（%）	累计百分比（%）
男	429	49.0	49.0	49.0
女	447	51.0	51.0	100.0
合计	876	100.0	100.0	—

从受访者年龄分布看，35 岁及以下的年轻员工占比为 72.2%，而 35 岁以上的员工占 27.8%，具体见表 5.7。

表 5.7 受访者年龄分布情况

类别	频次	所占百分比（%）	有效百分比（%）	累计百分比（%）
20 岁及以下	59	6.7	6.7	6.7
21~25 岁	211	24.1	24.1	30.8
26~30 岁	272	31.1	31.1	61.9
31~35 岁	90	10.3	10.3	72.2
36~40 岁	61	7.0	7.0	79.2
41~45 岁	57	6.5	6.5	85.7
46~50 岁	56	6.4	6.4	92.1
50 岁以上	70	7.9	7.9	100.0
合计	876	100.0	100.0	—

从受访对象的学历分布来看，具有大专以上教育程度的员工（大学本科与硕士及以上学历）所占比例达到了 56.9%，说明受访对象的受教育程度普遍较高，能够准确地理解问卷题项，具体见表 5.8。

表 5.8 受访者学历分布情况

类别	频次	所占百分比（%）	有效百分比（%）	累计百分比（%）
初中及以下	96	11.0	11.0	11.0
高中	102	11.6	11.6	22.6
大专	180	20.5	20.5	43.1

续表

类别	频次	所占百分比（%）	有效百分比（%）	累计百分比（%）
大学本科	308	35.2	35.2	78.3
硕士及以上	190	21.7	21.7	100.0
合计	876	100.0	100.0	—

5.1.2 各变量描述性统计

在进行后续分析前，有必要分析问卷中各变量测量条款的均值、标准差、偏度和峰度等描述性统计量，以验证调研所获取的数据是否服从正态分布。根据卢纹岱等（2010）的建议，如果偏度值在-1～1，表明数据分布近似对称分布。如果峰度值为正，则表明分布曲线比较陡；如果峰度值为负，则表明分布曲线比较平缓。如果峰度绝对值小于10并且偏度绝对值小于3，则说明数据虽然不是绝对正态，但基本可接受为正态分布。由表5.9可以看出，各测量条款的评价值基本服从正态分布，可以进行下一步分析。

表5.9 各变量题项的描述性统计

题项	均值	标准差	偏度		峰度	
	统计	统计	统计	标准差	统计	标准差
DJ 1	3.59	1.098	−0.586	0.114	−0.121	0.227
DJ 2	3.03	1.148	0.010	0.114	−0.690	0.227
DJ 3	3.36	1.114	−0.216	0.114	−0.630	0.227
DJ 4	3.56	1.082	−0.385	0.114	−0.508	0.227
PJ 1	3.19	1.218	−0.131	0.114	−0.908	0.227
PJ 2	3.21	1.160	−0.072	0.114	−0.774	0.227
PJ 3	3.53	1.093	−0.496	0.114	−0.313	0.227
PJ 4	2.95	1.196	−0.050	0.114	−0.848	0.227
IJ 1	3.83	1.077	−0.757	0.114	−0.027	0.227
IJ 2	3.82	1.062	−0.824	0.114	0.259	0.227
IJ 3	3.47	1.178	−0.392	0.114	−0.601	0.227

续表

题项	均值	标准差	偏度		峰度	
	统计	统计	统计	标准差	统计	标准差
IJ 4	3. 57	1. 140	−0. 556	0. 114	−0. 352	0. 227
IJ 5	3. 50	1. 142	−0. 446	0. 114	−0. 571	0. 227
IJ 6	3. 72	1. 086	−0. 712	0. 114	0. 010	0. 227
VB 1	3. 23	1. 128	−0. 097	0. 114	−0. 677	0. 227
VB 2	3. 57	1. 113	−0. 479	0. 114	−0. 456	0. 227
VB 3	3. 17	1. 098	−0. 156	0. 114	−0. 515	0. 227
VB 4	3. 45	1. 080	−0. 359	0. 114	−0. 415	0. 227
VB 5	3. 42	1. 089	−0. 373	0. 114	−0. 397	0. 227
VB 6	3. 14	1. 131	−0. 185	0. 114	−0. 597	0. 227
VB 7	3. 38	1. 069	−0. 235	0. 114	−0. 416	0. 227
VB 8	3. 41	1. 028	−0. 278	0. 114	0. 310	0. 227
VB 9	3. 42	1. 045	−0. 377	0. 114	−0. 264	0. 227
VB 10	3. 28	1. 058	−0. 289	0. 114	−0. 425	0. 227
VB 11	3. 56	1. 005	−0. 537	0. 114	−0. 017	0. 227
VI	3. 15	1. 023	−0. 279	0. 114	−0. 113	0. 227
VO	3. 29	1. 072	−0. 297	0. 114	−0. 339	0. 227
OC 1	3. 20	1. 289	−0. 259	0. 114	−0. 938	0. 227
OC 2	3. 24	1. 197	−0. 217	0. 114	−0. 741	0. 227
OC 3	3. 03	1. 259	−0. 013	0. 114	−0. 949	0. 227
OC 4	3. 27	1. 246	−0. 343	0. 114	−0. 800	0. 227
OC 5	3. 38	1. 234	−0. 347	0. 114	−0. 838	0. 227
OC 6	3. 46	1. 151	−0. 473	0. 114	−0. 444	0. 227
SC 1	3. 38	1. 212	−0. 384	0. 114	−0. 658	0. 227
SC 2	3. 75	1. 247	−0. 733	0. 114	−0. 442	0. 227
SC 3	3. 50	1. 096	−0. 468	0. 114	−0. 211	0. 227
SC 4	3. 47	1. 153	−0. 362	0. 114	−0. 552	0. 227
JS 1	3. 44	1. 005	−0. 317	0. 114	−0. 168	0. 227

续表

题项	均值	标准差	偏度		峰度	
	统计	统计	统计	标准差	统计	标准差
JS 2	3.46	1.095	−0.399	0.114	−0.378	0.227
JS 3	3.55	1.094	−0.500	0.114	−0.252	0.227
IL 1	2.68	1.290	0.289	0.114	−0.946	0.227
IL 2	2.66	1.383	0.316	0.114	−1.132	0.227
IL 3	2.71	1.368	0.213	0.114	−1.161	0.227
PS 1	2.86	1.118	0.112	0.114	−0.542	0.227
PS 2	2.80	1.237	0.057	0.114	−0.896	0.227
PS 3	2.73	1.204	0.123	0.114	−0.775	0.227
PS 4	2.80	1.170	0.104	0.114	−0.727	0.227
T 1	2.96	1.143	−0.011	0.114	−0.760	0.227
T 2	3.77	1.113	−0.726	0.114	−0.114	0.227
T 3	3.04	1.107	−0.072	0.114	−0.582	0.227
T 4	2.17	1.233	0.811	0.114	−0.331	0.227
T 5	2.62	1.282	0.253	0.114	−1.021	0.227
有效样本量	876					

5.2 独立样本 T 检验与方差分析

本书根据各控制变量对应的样本组数分别采用独立样本 T 检验法（两组）和单因素方差分析法（两组以上）进行分析。其中员工性别、年龄、工作年限等采用独立样本 T 检验法，员工学历、工作部门、企业性质和所处行业等则采用单因素方差分析法。在进行因素方差分析时，先对方差齐性进行检验（Levene 检验），根据检验结果判断选择方差相等或不等的 T 检验结果，从而得出结论。

5.2.1 企业类型的单因素方差分析

在进行因素方差分析时，先对方差齐性进行检验，对于方差为齐性的采用LSD的两两T检验结果判断均值是否存在显著差异，对于方差为非齐性的采用Tamhane的两两T检验结果判断均值是否存在显著差异（马庆国，2003）。以下单因素方差分析中仅将均值比较存在显著差异的结果列在表中，未列在表中的即表示两两比较中均值并无显著差异。

首先将企业类型划分为国有企业或事业单位、民营企业和外资企业三类，采用单因素方差分析法进行分析，判断企业类型对四个主要变量的影响是否存在显著性差异，结果见表5.10。可以看出，在置信度为95%的水平下，企业类型对组织公平、员工建言、工作产出和传统性的影响均无显著差异。因此，无须将样本按企业类型进行分类比较研究。

表5.10 企业类型的单因素方差分析

变量	均值差异检验		方差齐性检验	
	F值	Sig.	Sig.	是否齐性
组织公平	0.688	0.560	0.866	是
员工建言	0.641	0.589	0.526	是
工作产出	2.071	0.105	0.445	是
传统性	1.581	0.195	0.568	是

注：方差齐性检验的显著性水平为0.01。

5.2.2 企业规模的单因素方差分析

将企业规模划分为100人以下、100~500人、501~1000人和1000人以上四类，采用单因素方差分析法进行分析，判断企业规模对四个主要变量的影响是否存在显著性差异，结果见表5.11。可以看出，在置信度为95%的水平下，企业规模对员工建言、工作产出和传统性的影响均无显著差异，只对组织公平的影响存在显著差异。因此，除了组织公平，无须将样本按企业规模进行分类比较研究。

表 5.11　企业规模的单因素方差分析

变量	均值差异检验		方差齐性检验	
	F 值	Sig.	Sig.	是否齐性
组织公平	3.966	0.009	0.426	是
员工建言	1.752	0.157	0.773	是
工作产出	0.715	0.544	0.024	否
传统性	1.569	0.197	0.526	是

注：方差齐性检验的显著性水平为 0.01。

表 5.12 是在方差齐性前提下利用 LSD 法两两比较的结果。由表 5.12 可见，100 人以下的小规模企业与 100~500 人、1000 人以上的大规模企业之间存在显著差异，相对于小规模企业，大规模企业的员工对组织公平的感知更强。这或许与企业程序制定的规范化、组织公平文化建设等方面相对健全等相关。

表 5.12　企业规模的 LSD 法两两比较结果

变量	分析方法	企业规模（I）	企业规模（J）	均值差异（I-J）	Sig.
组织公平	LSD	100 人以下	100~500 人	-0.479*	0.001
			1000 人以上	-0.281*	0.037

注：* 表示在 0.05 显著水平下显著。

5.2.3　企业所处行业的单因素方差分析

将企业所处行业划分为服务行业、制造行业与贸易行业三类，采用单因素方差分析法进行分析，判断企业所处行业对四个主要变量的影响是否存在显著性差异，结果见表 5.13。可以看出，在置信度为 95%的水平下，企业所在行业对组织公平、员工建言、工作产出和传统性的影响均无显著差异。因此，无须将样本按企业所在行业进行分类比较研究。

表 5.13　企业所处行业的单因素方差分析

变量	均值差异检验		方差齐性检验	
	F 值	Sig.	Sig.	是否齐性
组织公平	0.789	0.501	0.062	是
员工建言	4.207	0.106	0.332	是
工作产出	0.384	0.765	0.501	是
传统性	1.735	0.159	0.253	是

注：方差齐性检验的显著性水平为 0.01。

5.2.4　员工性别的独立样本 T 检验

表 5.14 列出了男性员工与女性员工在主要变量上是否具有显著差异。通过独立样本检验可知，男性员工与女性员工只有在传统性这一变量上具有显著差异。在 F 检验中，方差齐性检验不显著（p 值大于 0.05），因此应选择假设方差相等一行的 T 检验结果。由此可知，两组均值之差为 0.324，说明男性的传统性高于女性。均值差值的 95%置信区间为 0.171～0.477，不包括 0，也说明两组均值之差与 0 有显著差异。总之，从 T 检验得 p 值为 0.000<0.01 和均值、差值的 95%置信区间不包括 0 都能得出，男性员工的传统性明显高于女性员工，差异具有统计意义。

表 5.14　员工性别的独立样本 T 检验

变量		方差齐性检验		均值差异比较						
		F	Sig.	T	df	Sig. (2-tailed)	均值差	差值标准误	差值的 95% 置信区间 Lower	Upper
组织公平	假设方差相等	2.845	0.092	1.577	874	0.116	0.123	0.078	-0.030	0.276
	假设方差不相等			1.556	830.3	0.120	0.123	0.079	-0.032	0.279
员工建言	假设方差相等	1.806	0.180	0.598	874	0.550	0.047	0.079	-0.108	0.203
	假设方差不相等			0.592	842.0	0.554	0.047	0.080	-0.110	0.205
传统性	假设方差相等	3.531	0.061	4.163	874	0.000	0.324	0.077	0.171	0.477
	假设方差不相等			4.102	831.4	0.000	0.324	0.079	0.169	0.479
工作产出	假设方差相等	0.203	0.653	-0.039	874	0.969	-0.002	0.052	-0.104	0.099
	假设方差不相等			-0.039	832.9	0.969	-0.002	0.052	-0.104	0.100

5.2.5 员工年龄的独立样本 T 检验

本书将员工年龄划分为 20 岁及以下、21~25 岁、26~30 岁、31~35 岁、36~40 岁、41~45 岁、46~50 岁、50 岁以上八组。以 30 岁作为临界点，按员工年龄低于 30 岁、高于 30 岁分为两大类，即第 1~3 组为第 1 类，第 4~8 组为第 2 类，采用独立样本 T 检验进行分析，判断员工年龄对四个主要变量的影响是否存在显著性差异，通过独立样本检验可知，不同年龄段的员工在四个变量上均无显著差异（见表 5.15）。

表 5.15 员工年龄的独立样本 T 检验

变量		方差齐性检验		均值差异比较						
		F	Sig.	T	df	Sig.(2-tailed)	均值差	差值标准误	差值的 95% 置信区间 Lower	Upper
组织公平	假设方差相等	4.300	0.039	0.894	874	0.372	0.098	0.110	-0.117	0.314
	假设方差不相等			1.055	508.0	0.294	0.098	0.093	-0.086	0.282
员工建言	假设方差相等	3.996	0.046	0.854	874	0.393	0.095	0.111	-0.123	0.313
	假设方差不相等			1.045	513.1	0.298	0.095	0.091	-0.085	0.275
传统性	假设方差相等	0.406	0.524	1.927	874	0.055	0.214	0.111	-0.004	0.431
	假设方差不相等			2.0570	497.1	0.042	0.214	0.104	0.008	0.419
工作产出	假设方差相等	1.161	0.282	0.430	874	0.667	0.031	0.072	-0.111	0.174
	假设方差不相等			0.467	498.7	0.642	0.031	0.067	-0.101	0.164

5.2.6 员工教育程度的单因素方差分析

将员工教育程度划分为初中及以下、高中、大专、大学本科和硕士及以上五类，采用单因素方差分析法进行分析，判断教育程度对四个主要变量的影响是否存在显著性差异，结果见表 5.16。可以看出，在置信度为 95%的水平下，员工教育程度对组织公平、工作产出和传统性的影响均无显著差异，只对员工建言的影响存在显著差异。

表5.16　员工教育程度的单因素方差分析

变量	均值差异检验		方差齐性检验	
	F值	Sig.	Sig.	是否齐性
组织公平	1.079	0.366	0.000	否
员工建言	4.850	0.001	0.015	否
工作产出	1.715	0.145	0.291	是
传统性	1.181	0.318	0.035	否

注：方差齐性检验的显著性水平为0.01。

表5.17是在方差非齐性前提下利用Tamhane法两两比较的结果。由表5.17可见，受过高中教育与受过大专、大学本科教育的员工，在建言方面存在显著差异，具体表现为，随着教育程度的提高，员工对建言的感知与行为增强。

表5.17　员工教育程度的Tamhane法两两比较结果

变量	分析方法	教育程度(I)	教育程度(J)	均值差异(I-J)	Sig.
员工建言	Tamhane	高中	大专	−0.727*	0.020
			本科	−0.726*	0.017

注：*表示在0.05显著水平下显著。

5.2.7　员工工作年限的独立样本T检验

将员工的工作年限划分为1年以下、1~2年、2~3年和3~5年、5~10年与10年以上六组，以3年作为临界点，将工作年限分为两大类（第4~6组为第1类，第1~3组为第2类），采用独立样本T检验进行分析，判断工作年限对四个主要变量的影响是否存在显著性差异，结果见表5.18。不同工作年限的员工只有在传统性变量上具有显著差异。在F检验中，方差齐性检验不显著（p值大于0.05），因此应选择假设方差相等一行的T检验结果。由此可知，两组均值之差为0.172，说明工作年限高于3年的员工在传统性上高于工作低于3年的员工。均值差值的95%置信区间为0.018~0.327，不包括0，也说明两组均值之差与0有显著差异。总之，从T检验得p值为0.029<0.05和均值、差值的95%置信区间不包括0都能得出，工作年限高的员工传统性也相对较高，差异具有统计意义。

表5.18　员工工作年限的独立样本T检验

变量		方差齐性检验		均值差异比较						
		F	Sig.	T	df	Sig.(2-tailed)	均值差	差值标准误	差值的95%置信区间	
									Lower	Upper
组织公平	假设方差相等	0.097	0.756	-1.796	874	0.073	-0.140	0.078	-0.293	0.013
	假设方差不相等			-1.797	868.2	0.073	-0.140	0.0781	-0.292	0.013
员工建言	假设方差相等	4.442	0.036	0.342	874	0.733	0.027	0.079	-0.128	0.182
	假设方差不相等			0.344	873.4	0.731	0.027	0.078	-0.127	0.181
传统性	假设方差相等	0.070	0.792	2.188	874	0.029	0.172	0.079	0.018	0.327
	假设方差不相等			2.186	867.2	0.029	0.172	0.079	0.017	0.327
工作产出	假设方差相等	4.235	0.040	-1.095	874	0.274	-0.056	0.051	-0.157	0.045
	假设方差不相等			-1.101	873.9	0.271	-0.056	0.051	-0.157	0.044

5.2.8　员工工作职位的单因素方差分析

将员工工作职位划分为一线工作人员、基层管理人员、中层管理人员与高层管理人员四类，采用单因素方差分析法进行分析，判断工作职位对四个主要变量的影响是否存在显著性差异，结果见表5.19。可以看出，在置信度为95%的水平下，工作职位对组织公平、工作产出和传统性的影响均无显著差异，只对员工建言的影响存在显著差异。

表5.19　员工工作职位的单因素方差分析

变量	均值差异检验		方差齐性检验	
	F值	Sig.	Sig.	是否齐性
组织公平	1.324	0.260	0.013	否
员工建言	5.889	0.000	0.009	否
工作产出	1.091	0.360	0.130	是
传统性	0.927	0.448	0.039	否

注：方差齐性检验的显著性水平为0.01。

表5.20是在方差非齐性前提下利用Tamhane法两两比较的结果。由表5.20可见，不同工作职位的员工在建言方面存在显著差异，具体表现为，中层管理人员相对于基层管理人员和一线工作人员来说，对建言的感知与行为表现更强。这可能与中层管理人员的职位要求有关，在工作中，中层管理者多负责与基层员工沟通，并将员工意见传达给组织高层，因此他们对建言的了解和行为相对表现更强。

表5.20　员工工作职位的Tamhane法两两比较结果

变量	分析方法	工作职位（I）	工作职位（J）	均值差异（I-J）	Sig.
员工建言	Tamhane	中层管理者	一线工作人员	0.437*	0.004
			基层管理人员	0.325*	0.004

注：*表示在0.05显著水平下显著。

5.3　相关分析

运用相关分析探究各研究变量之间的统计关系，为后续的假设检验奠定基础。采用Pearson相关系数刻画组织公平、员工建言与工作产出之间的相关程度。

5.3.1　组织公平与工作产出的相关分析

组织公平各维度与工作产出各维度之间的相关分析结果如表5.21所示。由结果可知，组织公平三个维度与工作产出四个维度之间（除离职倾向）均存在显著的正相关关系；而与离职倾向维度之间均存在显著的负相关关系。

表5.21　组织公平与工作产出相关系数矩阵

变量	工作满意度	组织承诺	主管承诺	离职倾向	薪酬满意度
分配公平	0.619**	0.378**	0.498**	−0.238**	0.588**
程序公平	0.574**	0.425**	0.572**	−0.180**	0.453**
互动公平	0.647**	0.418**	0.673**	−0.218**	0.437**

注：**表示相关系数的显著水平为0.01（双尾检验）。

5.3.2 组织公平与员工建言的相关分析

组织公平与员工建言各维度之间的相关分析结果如表 5.22 所示。由表 5.22 可知，组织公平三个维度与员工建言两个维度之间均存在显著的正相关关系。

表 5.22 组织公平与员工建言相关系数矩阵

变量	建言感知	建言行为
分配公平	0.452**	0.470**
程序公平	0.571**	0.514**
互动公平	0.576**	0.515**

注：**表示相关系数的显著水平为 0.01（双尾检验）。

5.3.3 员工建言与工作产出的相关分析

员工建言与工作产出各维度之间的相关分析结果如表 5.23 所示。由表 5.23 可知，员工建言两个维度与工作产出四个维度之间（除离职倾向）均存在显著的正相关关系；而建言感知与离职倾向之间存在显著的负相关关系，建言行为与离职倾向的关系不显著。

表 5.23 员工建言与工作产出的相关系数矩阵

变量	工作满意度	组织承诺	主管承诺	离职倾向	薪酬满意度
建言感知	0.530**	0.343**	0.539**	-0.118*	0.396**
建言行为	0.556**	0.369**	0.467**	-0.063	0.321**

注：*表示相关系数的显著水平为 0.05；**表示相关系数的显著水平为 0.01（双尾检验）。

5.4 假设检验

相关分析仅能发现各变量之间的相互影响，而不能明确在相互影响的关系中具体的因果逻辑（游士兵和余艳琴，2001）。此外，相关分析不能剔除可能影响变量之间关系的干扰，因此不能用来验证研究假设，只能作为检验假设的前提参考（马庆国，2002），需要运用回归分析来验证各个研究假设。

5.4.1 变量整体之间的关系检验

（1）主效应检验（假设 H1~H3）。

为检验组织公平、员工建言与工作产出三个变量整体之间的关系与员工建言的中介作用，利用分步线性回归建立三个模型。根据以往研究与描述性统计，与三个主要变量相关的人口统计变量作为控制变量，包括性别、工作年限、教育程度与所在职位，除此之外，为降低同源方法误差，将社会赞许性变量也加入回归模型，以保证自变量与因变量之间关系的测量质量。

通过回归分析可知（见表5.24），三个模型中的 ΔR^2 的值分别是0.395、0.526、0.355，说明员工的组织公平感知总共解释了员工建言整体39.5%的差异，解释了工作产出整体52.6%的差异，而员工建言则解释了工作产出整体35.5%的差异，同时，三个模型所对应的F值均在0.01水平下显著。此外，通过回归变量对回归方程的显著性进行检验，结果表明回归系数均为正数，分别为0.641，0.740，0.612，且Sig.值均小于0.01。这说明，组织公平对工作产出、员工建言整体均具有显著的正向影响，员工建言对工作产出整体也具有显著的正向影响。即假设H1、H2、H3成立。

表5.24 主效应回归分析表

控制变量	员工建言	工作产出	
性别	0.013	-0.020	-0.020
工作年限	0.067	-0.035	-0.035
教育程度	0.026	-0.064	-0.064
所在职位	0.009	-0.020	-0.020
社会赞许性	-0.218**	-0.212**	-0.212**
(ΔR^2)	(0.052**)	(0.048**)	(0.048**)

续表

控制变量	员工建言	工作产出	
组织公平	0.641**	0.740**	—
员工建言	—	—	0.612**
(ΔR^2)	(0.395**)	(0.526**)	(0.355**)
合计 R^2	0.446	0.574	0.403
调整后 R^2	0.439	0.568	0.395
F 值	60.897**	101.665**	50.886**

注：**表示 $p<0.01$，表中未打括号的数字为标准化 β 系数，括号中值为 ΔR^2。

（2）中介作用检验（假设 H4）。

对于员工建言对组织公平与工作产出之间关系的中介作用，将通过比较三个回归模型进行检验。依据 Baron 和 Kenny（1986）所界定的标准，即判断变量在理论模型中是否起到中介作用，需要参照 3 个标准：第一，通过中介变量对自变量进行回归分析，回归系数应当显著不为零，即自变量的变化能够对理论中所界定的中介变量的变化做出显著性解释；第二，通过因变量对自变量进行回归分析，回归系数应当显著不为零，即自变量的变化能够对因变量的变化做出显著性解释；第三，控制中介变量后，因变量同时对自变量和中介变量进行回归，中介变量所对应的回归系数显著不为零，而自变量的回归系数应显著下降或者不显著。其中，如果自变量的回归系数相对于第二步模型中的系数有所下降，又达到了显著水平，则说明中介变量起到了部分的中介作用，即自变量在直接影响因变量的同时，也通过中介变量间接影响因变量（Don Vandewalle et al.，1995；Pierce et al.，2004）；如果自变量的回归系数变化为不显著水平，则说明中介变量起到了完全中介的作用。根据表 5.25 中三个回归模型可知：第一，以组织公平为自变量，中介变量员工建言为因变量进行回归分析。结果表明，组织公平显著影响了员工建言，回归系数显著为正，因此满足上述第一个标准。第二，以组织公平为自变量，工作产出为因变量进行回归分析。结果表明，组织公平显著影响了工作产出，回归系数显著为正，因此满足第二个标准。第三，同时以组织公平与员工建言为自变量，工作产出为因变量进行二元回归分析。结果表明，在控制中介变量员工建言后（β 系数为 0.225，$p<0.01$），组织公平对工作产出的回归系数为 0.596，小于模型 2 中相对应的回归系数 0.740，且显著性水平均达到 0.01，满足上述第三个标准，因此可以判定员工建言在组织公平与工作产出之间起到了部分中介作用，即假设 H4 成立。

此外，由于模型 3 涉及自变量和中介变量两个解释变量，因此应进行多重共线性的检验。容忍度（Tolerance）是测度解释变量间多重共线性的重要统计量，取值范围在 0~1，越接近 0 表示多重共线性越强，越接近 1 表示多重共线性越弱（薛薇，2009）。由回归结果可知，组织公平与员工建言所对应的容忍度分别为 0.961 和 0.948，接近 1，因此可知多重共线性较低。

表 5.25 员工建言中介作用回归分析表

控制变量	员工建言模型 1	工作产出	
		模型 2	模型 3
性别	0.013	−0.020	−0.020
工作年限	0.067	−0.035	−0.035
教育程度	0.026	−0.064	−0.064
所在职位	0.009	−0.020	−0.020
社会赞许性	−0.218**	−0.212**	−0.212**
（ΔR^2）	（0.052**）	（0.048**）	（0.048**）
自变量	员工建言模型 1	工作产出	
		模型 2	模型 3
组织公平（M 1~M 3）	0.641**	0.740**	0.596**
员工建言（M 3）	—	—	0.225**
（ΔR^2）	（0.395**）	（0.526**）	（0.554**）
合计 R^2	0.446	0.574	0.602
调整后 R^2	0.439	0.568	0.596
F 值	60.897**	101.665**	97.586**

注：**表示 $p<0.01$，表中未打括号的数字为标准化 β 系数，括号中值为 ΔR^2。

对员工建言的两个维度，即建言感知与建言行为进行中介作用的检验，结果发现（见表 5. 26）：在满足中介效应的前两个检验条件后，将组织公平与建言感知、建言行为共同作为自变量，工作产出为因变量进行二元回归分析。在加入中介变量建言感知与建言行为之后（β 系数分别为 0. 099，$p<0.05$；0. 146，$p<0.01$），组织公平对工作产出的回归系数为 0. 597，小于模型 3 中相对应的回归系数 0. 740，且显著性水平均达到 0. 01，满足中介效应的第三个标准，因此可以判定员工建言感知与建言行为分别在组织公平与工作产出之间起到了部分中介作用，即假设 H4a、H4b 成立。

表 5. 26　员工建言各维度中介作用回归分析表

控制变量	建言感知	建言行为	工作产出	
	模型 1	模型 2	模型 3	模型 4
性别	−0. 010	0. 037	−0. 020	−0. 020
工作年限	−0. 007	0. 139**	−0. 035	−0. 035
教育程度	0. 049	−0. 004	−0. 064	−0. 064
所在职位	−0. 006	0. 024	−0. 020	−0. 020
社会赞许性	−0. 165**	−0. 241**	−0. 212**	−0. 212**
（ΔR^2）	（0. 031*）	（0. 079**）	（0. 048**）	（0. 048**）
自变量	**建言感知**	**建言行为**	**工作产出**	
	模型 1	**模型 2**	**模型 3**	**模型 4**
组织公平（M 1~M 4）	0. 612**	0. 565	0. 740**	0. 597**
建言感知（M 3~M 4）	—	—	—	0. 099*
建言行为（M 3~M 4）	—	—	—	0. 146**
（ΔR^2）	（0. 360**）	（0. 307**）	（0. 526**）	（0. 555**）
合计 R^2	0. 391	0. 386	0. 574	0. 602
调整后 R^2	0. 383	0. 378	0. 568	0. 595
F 值	48. 416**	47. 492**	101. 665**	85. 402**

注：*表示 $p<0.05$，**表示 $p<0.01$，表中未打括号的数字为标准化 β 系数，括号中值为 ΔR^2。

5.4.2 变量各维度之间的关系检验

（1）组织公平—工作产出各维度之间关系检验（H1a~H1e）。

根据前文所述，工作产出可以划分为工作满意度、组织承诺、薪酬满意度、主管承诺、离职倾向五个维度。然而以往研究较少探讨组织公平各维度分别对工作产出五个维度的影响差异。为此，本书将对组织公平各个维度的影响依次进行回归分析，进而对假设 H1a~H1e 进行验证。分析结果见表 5.27。

表 5.27 组织公平—工作产出各维度之间回归分析

控制变量	工作满意度	组织承诺	主管承诺	离职倾向	薪酬满意度
性别	0.025	−0.017	−0.016	0.029	0.011
工作年限	−0.005	0.002	0.002	−0.072	−0.022
教育程度	−0.030	−0.072	−0.042	0.017	0.051
所在职位	−0.007	0.020	−0.029	0.042	−0.050
社会赞许性	−0.198**	−0.199**	−0.186**	0.061	−0.125**
(ΔR^2)	(0.041**)	(0.055**)	(0.035**)	(0.011)	(0.022)
主效应	工作满意度	组织承诺	主管承诺	离职倾向	薪酬满意度
分配公平	0.297**	0.199**	0.053	−0.155*	0.467**
程序公平	0.147**	0.302**	0.217**	−0.019	0.129*
互动公平	0.375**	0.263**	0.511**	−0.119	0.064
(ΔR^2)	(0.488**)	(0.418**)	(0.477**)	(0.065**)	(0.347**)
合计 R^2	0.529	0.266	0.512	0.076	0.369
调整后 R^2	0.520	0.253	0.503	0.060	0.358
F 值	63.244**	20.442**	59.155**	4.650**	32.967**

注：*表示 $p<0.05$，**表示 $p<0.01$，表中未打括号的数字为标准化 β 系数，括号中值为 ΔR^2。

由表 5.27 可知，组织公平三个维度可以解释工作满意度 48.8%的差异，并且 F 值在 0.01 的水平下显著，同时，对回归方程的显著性进行检验，得到组织公平各维度的 Sig. 值均小于 0.01，这说明，组织公平各维度对工作满意度有直接显著影响。又由于回归系数 β 的值均大于 0，因此，组织公平三个维度对工作满意度有显著的正向影响，即假设 H1a 成立。根据回归系数的显著水平与大小可知，组织公平各维度对工作满意度的影响从大至小依次为互动公平、分配公平、程序公平。

同理可知，组织公平各维度对组织承诺有直接显著的正向影响，同时，按回归系数显著水平与大小可见，组织公平各维度对组织承诺的影响从大至小依次为程序公平、互动公平、分配公平，因此，假设 H1b 成立。

对于主管承诺，除了分配公平这一维度的影响不显著之外（$p>0.05$），其余 Sig. 值均小于 0.01，回归系数大于 0。这说明，组织公平中的程序公平与互动公平对主管承诺均有显著正向影响。按回归系数大小可见，互动公平（$\beta=0.511$）对主管承诺的影响明显高于程序公平（$\beta=0.217$）。因此，假设 H1c 部分成立。

对于离职倾向，只有分配公平对应的 Sig. 值小于 0.05，又由于回归系数 β 的值为-0.155，因此，分配公平对离职倾向有直接显著的负向影响，而程序公平与互动公平对离职倾向没有显著的影响。即假设 H1d 部分成立。

对于薪酬满意度，除了互动公平的影响不显著之外（$p>0.05$），其余 Sig. 值均达到显著水平，且回归系数大于 0。这说明，分配公平与程序公平对薪酬满意度均有显著正向影响。其中，分配公平（$\beta=0.467$，$p<0.01$）对薪酬满意度的影响显著高于程序公平（$\beta=0.129$，$p<0.05$）。因此，假设 H1e 部分成立。

（2）组织公平—员工建言各维度之间关系检验（H2a～H2b）。

组织公平各维度对员工建言的感知与行为两个维度的影响结果见表 5.28。

表 5.28　组织公平—员工建言各维度之间回归分析

控制变量	建言感知	建言行为
性别	-0.010	0.037
工作年限	-0.007	0.139**
教育程度	0.049	-0.004

续表

控制变量	建言感知	建言行为
所在职位	-0.006	0.024
社会赞许性	-0.165**	-0.241**
(ΔR^2)	(0.031*)	(0.079**)
主效应	建言感知	建言行为
分配公平	0.030	0.135**
程序公平	0.339**	0.240**
互动公平	0.341**	0.281**
(ΔR^2)	(0.384**)	(0.311**)
合计 R^2	0.415	0.390
调整后 R^2	0.405	0.379
F 值	39.981**	36.077**

注：*表示 $p<0.05$，**表示 $p<0.01$，表中未打括号的数字为标准化 β 系数，括号中值为 ΔR^2。

如表 5.28 所示，组织公平各维度可以解释建言感知 38.4%的差异，并且 F 值在 0.01 的水平下显著，同时，对回归方程的显著性进行检验，可以看出除了分配公平之外（$\beta=0.030$，$p>0.05$），程序公平与互动公平所对应的 Sig. 值均小于 0.01，且回归系数 β 的值均大于 0，因此，除了分配公平之外，程序公平与互动公平对建言感知均有显著的正向影响，即假设 H2a 部分成立。在影响程度上两个维度差异不大，回归系数分别为 0.339 与 0.341。

同理，组织公平各维度可以解释员工建言行为 31.1%的差异，并且 F 值在 0.01 的水平下显著，同时，Sig. 值均小于 0.01，回归系数 β 的值均大于 0，因此，组织公平各维度对建言行为均具有显著的正向影响，即假设 H2b 成立。在影响程度上，大小依次为互动公平、程序公平与分配公平。

（3）员工建言—工作产出各维度之间关系检验（H3a~H3e）。

员工建言两个维度对工作产出各维度的影响通过回归分析进行检验，结果见表 5.29。

表 5.29 员工建言—工作产出各维度之间回归分析

控制变量	工作满意度	组织承诺	主管承诺	离职倾向	薪酬满意度
性别	0.025	−0.075	−0.016	0.029	0.011
工作年限	−0.005	0.001	0.002	−0.072	−0.022
教育程度	−0.030	−0.133**	−0.042	0.017	0.051
所在职位	−0.007	−0.018	−0.029	0.042	−0.050
社会赞许性	−0.198**	−0.161**	−0.186**	0.061	−0.125**
(ΔR^2)	(0.041**)	(0.043**)	(0.035**)	(0.011)	(0.022)
主效应	工作满意度	组织承诺	主管承诺	离职倾向	薪酬满意度
建言感知	0.272**	0.175**	0.418**	−0.162*	0.319**
建言行为	0.357**	0.235**	0.161**	−0.070	0.095
(ΔR^2)	(0.317**)	(0.135**)	(0.282**)	(0.015*)	(0.147**)
合计 R^2	0.358	0.178	0.317	0.026	0.169
调整后 R^2	0.348	0.165	0.306	0.011	0.157
F 值	35.941**	13.973**	29.944**	1.724*	13.171**

注：*表示 $p<0.05$，**表示 $p<0.01$，表中未打括号的数字为标准化 β 系数，括号中值为 ΔR^2。

由表 5.29 可知，员工建言各维度可以解释工作满意度 31.7%的差异，并且 F 值在 0.01 的水平下显著。同时，对回归方程的显著性进行检验，得到 Sig. 值均小于 0.01，回归系数 β 均大于 0，因此员工建言各维度对工作满意度均有显著的正向影响，即假设 H3a 成立。从回归系数大小可知，建言行为的影响程度大于建言感知。

同理可知，员工建言各维度对组织承诺、主管承诺两个维度均具有显著的正向影响，即假设 H3b、H3c 成立。从回归系数大小可知，对组织承诺的影响，建言行为的影响程度大于建言感知；而对主管承诺的影响上，建言感知大于建言行为。

对于离职倾向这一维度，ΔR^2 值与 F 值均在 0.05 的水平下显著，同时，建言感知所对应的 Sig. 值为 0.014，小于 0.05，同时回归系数 β 的值为-0.162，因此，建言感知对离职倾向有显著的负向影响，而建言行为则没有显著影响（$p>0.05$），即H3d部分成立。

对于薪酬满意度，ΔR^2值与F值均在0.01的水平下显著，同时，建言感知的Sig.值为0.000，回归系数β的值为0.319，因此，建言感知对薪酬满意度有显著的正向影响，而建言行为则没有显著影响（$p>0.05$）。因此，H3e部分成立。

5.4.3 调节作用检验

如前文所述，本书通过访谈发现，员工倾向于认为传统性在组织公平、员工建言与工作产出关系之间具有某种调节作用，同时，这种关系在理论层面也得到了相应的支持。为此，将分别检验传统性对组织公平—工作产出、员工建言—工作产出及组织公平—员工建言之间关系的调节作用。根据Baron和Kenny（1986）对于调节作用的验证方法，采用阶层回归的方法进行调节作用检验。当自变量和调节变量都是连续变量时，可以用带有乘积项的回归模型来进行阶层回归分析，检验调节效应。因此应首先分别检验自变量和调节变量对因变量的主效应作用，然后将自变量与调节变量的乘积项纳入回归方程进行检验，如果该项回归系数达到显著水平，则表明调节作用显著（温忠麟等，2005）。

（1）传统性对三个主要变量之间关系的调节作用与对比。

表5.30列出了传统性对组织公平与工作产出、员工建言关系的调节作用，模型1检验了传统性对组织公平—工作产出关系的调节作用（假设H5）；模型2检验了传统性对组织公平—员工建言关系的调节作用（假设H6）。在进行阶层回归之前，先对各变量进行了中心化均值处理，以降低多变量的多重共线性，然后将标准化后的变量加入回归方程。通过回归分析可知，两个模型的容忍度均介于0.9~1，因此多重共线性较弱。

表 5.30　传统性的调节作用（假设 H5、H6）

变量	工作产出	员工建言
	模型 1	模型 2
第一步（控制变量）	工作产出	员工建言
性别	-0.020	0.013
工作年限	-0.035	0.067
教育程度	-0.064	0.026
所在职位	-0.020	0.009
社会赞许性	-0.212**	-0.218**
（ΔR^2）	(0.048**)	(0.052**)
第二步（主效应）	工作产出	员工建言
分配公平	0.251**	0.086
程序公平	0.249**	0.318**
互动公平	0.358**	0.340**
（ΔR^2）	(0.529**)	(0.409**)
传统性	0.207**	0.064
（ΔR^2）	(0.034**)	(0.003)
第三步（调节效应）	工作产出	员工建言
分配公平×传统性	0.077	-0.001
程序公平×传统性	0.065	0.238**
互动公平×传统性	-0.690**	-0.793**
（ΔR^2）	(0.017*)	(0.024**)
合计 R^2	0.627	0.488
调整后 R^2	0.617	0.475
F 值	62.696**	35.554**

注：*表示 $p<0.05$，**表示 $p<0.01$，表中未打括号的数字为标准化 β 系数，括号中值为 ΔR^2。

模型 3 验证了传统性对员工建言与工作产出之间关系的调节作用，如表 5.31 所示，ΔR^2 值与 F 值均达到显著水平，同时，员工建言与传统性的乘积项达到显著性水平（$p<0.05$），且回归系数为负，因此，传统性对员工建言与工作产出之间的正向关系起到了显著的负向调节作用，即假设 H7 成立。

表 5.31　传统性的调节作用（假设 H7）

变量	工作产出
	模型 3
第一步（控制变量）	工作产出
性别	-0.020
工作年限	-0.035
教育程度	-0.064
所在职位	-0.020
社会赞许性	-0.212**
（ΔR^2）	（0.048**）
第二步（主效应）	工作产出
员工建言	0.612**
（ΔR^2）	（0.355**）
传统性	0.291**
（ΔR^2）	（0.072**）
第三步（调节效应）	工作产出
员工建言×传统性	-0.069*
（ΔR^2）	（0.005*）
合计 R^2	0.479
调整后 R^2	0.470
F 值	51.908**

注：*表示 $p<0.05$，**表示 $p<0.01$，表中未打括号的数字为标准化 β 系数，括号中值为 ΔR^2。

传统性对组织公平—工作产出、组织公平—员工建言、员工建言—工作产出关系的调节效应比较，可以通过调节效应图 5.1、图 5.2、图 5.3 直观地反映出来。首先运用 SPSS18.0 软件将经过标准化处理的组织公平、员工建言、工作产出、传统性各变量分别由中值分为高分组与低分组，并保存二分后的各个新变量，然后将新生成的变量按回归方程的因变量与自变量加入一般线性模型，分别对上述三个调节作用进行分析。结果见图，在控制了相同变量的条件下（性别、工作年限、教育程度等），传统性对互动公平—工作产出关系的影响（低分组与高分组的斜率变化程度）大于对互动公平—员工建言的影响，而对员工建言—工作产出的影响最弱（在数据上体现为显著性水平 $p<0.05$，低于前两个关系中 $p<0.01$）。因此，互动公平与工作产出之间的正向关系受到传统性的削弱作用最大，其次为互动公平与员工建言的关系，最后是员工建言与工作产出的关系。

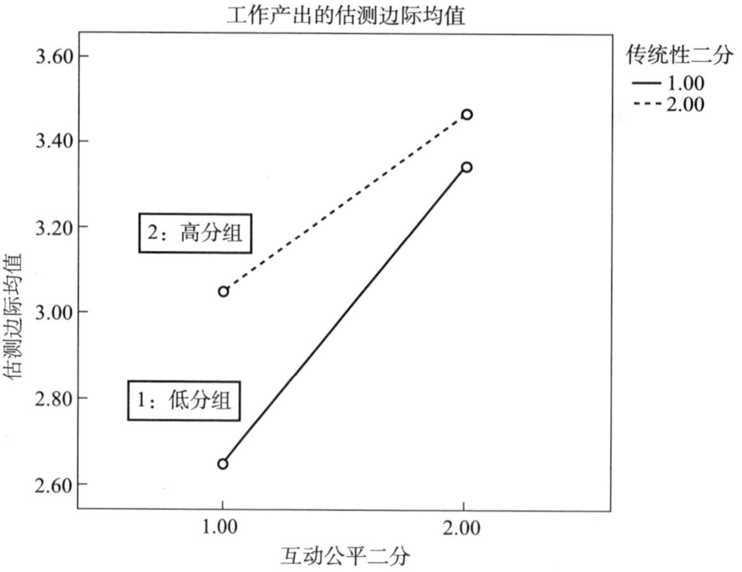

图 5.1　传统性对互动公平—工作产出的调节作用

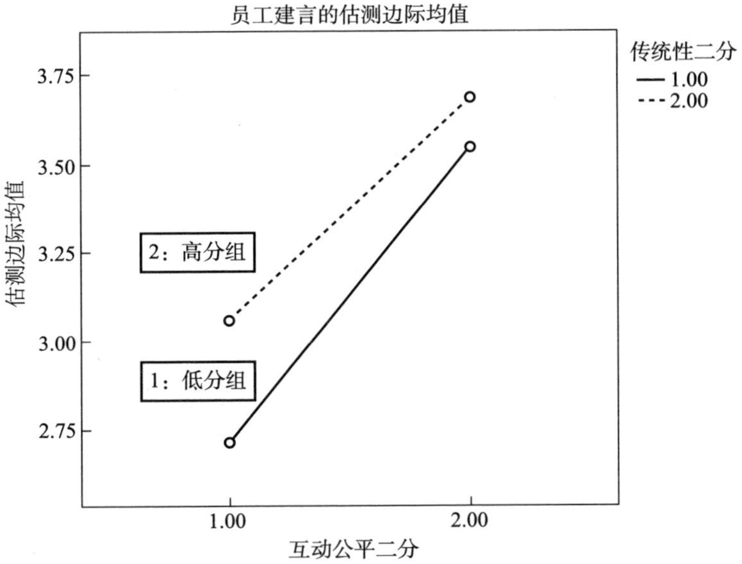

图 5.2　传统性对互动公平—员工建言的调节作用

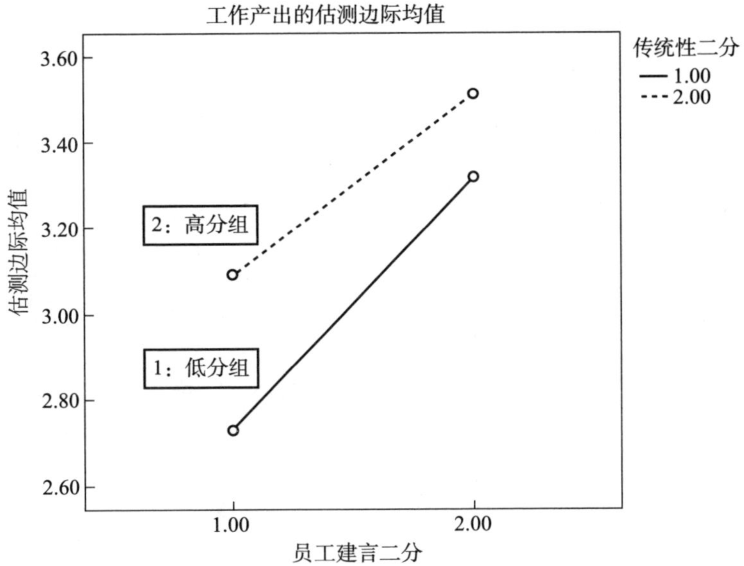

图 5.3　传统性对员工建言—工作产出的调节作用

（2）传统性对主要变量各维度关系的调节作用。

为进一步检验传统性对组织公平—工作产出、组织公平—员工建言、员工建言—工作产出各维度关系的调节作用，表 5. 32～表 5. 34 分别列出了传统性对三个主要变量各维度的调节作用检验结果。由表 5. 32 可知传统性显著削弱了互动公平与工作满意度、主管承诺之间的正向关系，此外，显著削弱了程序公平与组织承诺之间的正向关系（回归系数为负，$p<0.01$）；而对于组织公平各维度与离职倾向、薪酬满意度之间的关系，调节效应所对应的 ΔR^2 值不显著，即传统性对二者关系不具有显著的调节作用。因此，H5a、H5b、H5c 部分成立，而 H5d、H5e 不成立。

表 5. 32　传统性对组织公平—工作产出各维度的调节作用

控制变量	工作满意度	组织承诺	主管承诺	离职倾向	薪酬满意度
性别	0. 025	−0. 017	−0. 016	0. 029	0. 011
工作年限	−0. 005	0. 002	0. 002	−0. 072	−0. 022
教育程度	−0. 030	−0. 072	−0. 042	0. 017	0. 051
所在职位	−0. 007	0. 020	−0. 029	0. 042	−0. 050
社会赞许性	−0. 198**	−0. 199**	−0. 186**	0. 061	−0. 125**
（ΔR^2）	（0. 041**）	（0. 055**）	（0. 035**）	（0. 011）	（0. 022）
主效应	工作满意度	组织承诺	主管承诺	离职倾向	薪酬满意度
分配公平	0. 297**	0. 199**	0. 053	−0. 174**	0. 467**
程序公平	0. 147**	0. 302**	0. 217**	−0. 090	0. 129*
互动公平	0. 375**	0. 263**	0. 511**	−0. 134*	0. 064
（ΔR^2）	（0. 488**）	（0. 418**）	（0. 477**）	（0. 065**）	（0. 347**）
传统性	0. 111**	0. 142**	0. 216**	0. 249**	0. 189**
（ΔR^2）	（0. 010**）	（0. 016**）	（0. 037**）	（0. 049**）	（0. 028**）
调节效应	工作满意度	组织承诺	主管承诺	离职倾向	薪酬满意度
DJ×T	0. 078	0. 068	0. 125	−0. 069	0. 032
PJ×T	0. 088	−0. 291**	0. 036	0. 186*	0. 023
IJ×T	−0. 793**	0. 414	−0. 683**	−0. 207	−0. 163
（ΔR^2）	（0. 021**）	（0. 020**）	（0. 017**）	（0. 012）	（0. 001）
合计 R^2	0. 560	0. 509	0. 567	0. 137	0. 398
调整后 R^2	0. 548	0. 495	0. 555	0. 114	0. 382
F 值	47. 348**	38. 554**	48. 721**	5. 923**	24. 670**

注：*表示 $p<0.05$，**表示 $p<0.01$，表中未打括号的数字为标准化 β 系数，括号中值为 ΔR^2。

由表5.33可知，和组织公平与员工建言整体关系的调节作用相似，传统性显著削弱了互动公平与建言行为、建言感知之间的正向关系（回归系数为负，p<0.01）；此外，增强了程序公平与建言行为、建言感知之间的正向关系（回归系数为正，p<0.01）。因此，H6a、H6b部分成立。

表5.33 传统性对组织公平—员工建言各维度的调节作用

控制变量	建言感知	建言行为
性别	-0.010	0.037
工作年限	-0.007	0.139**
教育程度	0.049	-0.004
所在职位	-0.006	0.024
社会赞许性	-0.165**	-0.241**
(ΔR^2)	(0.031*)	(0.079**)
主效应	建言感知	建言行为
分配公平	0.030	0.135**
程序公平	0.339**	0.240**
互动公平	0.341**	0.281**
(ΔR^2)	(0.384**)	(0.311**)
传统性	0.071	0.046
(ΔR^2)	(0.004)	(0.002)
调节效应	建言感知	建言行为
分配公平×传统性	0.056	-0.066
程序公平×传统性	0.213**	0.227**
互动公平×传统性	-0.891**	-0.547**
(ΔR^2)	(0.026**)	(0.017**)
合计 R^2	0.445	0.409
调整后 R^2	0.430	0.393
F值	29.880**	25.797**

注：*表示p<0.05，**表示p<0.01，表中未打括号的数字为标准化β系数，括号中值为ΔR^2。

由表 5.34 可知，对于工作满意度、组织承诺与主管承诺这三个维度来说，ΔR^2 值与 F 值均达到 0.01 的显著水平，同时，员工建言与传统性的乘积项达到显著性水平（$p<0.01$），且回归系数为负，因此，传统性对员工建言与上述三个维度之间的正向关系起到了显著的削弱作用，即假设 H7a、H7b、H7c 成立；同理对于离职倾向，员工建言与传统性的乘积项达到了显著水平，且回归系数为正，因此，传统性对二者的负向关系起到了显著的削弱作用，假设 H7d 成立；而对于薪酬满意度，由于 ΔR^2 值与回归系数均未达到显著水平，所以假设 H7e 不成立。

表 5.34　传统性对员工建言—工作产出各维度的调节作用

控制变量	工作满意度	组织承诺	主管承诺	离职倾向	薪酬满意度
性别	0.025	-0.075	-0.016	0.029	0.011
工作年限	-0.005	0.001	0.002	-0.072	-0.022
教育程度	-0.030	-0.133**	-0.042	0.017	0.051
所在职位	-0.007	-0.018	-0.029	0.042	-0.050
社会赞许性	-0.198**	-0.161**	-0.186**	0.061	-0.125**
(ΔR^2)	(0.041**)	(0.043**)	(0.035**)	(0.011)	(0.022)
主效应	工作满意度	组织承诺	主管承诺	离职倾向	薪酬满意度
员工建言	0.576**	0.375**	0.538**	-0.116*	0.386**
(ΔR^2)	(0.315**)	(0.133**)	(0.275**)	(0.008*)	(0.141**)
传统性	0.190**	-0.016	0.295**	0.167**	0.274**
(ΔR^2)	(0.031**)	(0.000)	(0.074**)	(0.024**)	(0.064**)
调节效应	工作满意度	组织承诺	主管承诺	离职倾向	薪酬满意度
员工建言×传统性	-0.133**	-0.134**	-0.122**	0.187**	0.011
(ΔR^2)	(0.017**)	(0.017**)	(0.014**)	(0.033**)	(0.000)
合计 R^2	0.403	0.194	0.398	0.075	0.228
调整后 R^2	0.392	0.180	0.387	0.059	0.214
F 值	38.046**	13.574**	37.298**	4.600**	16.645**

注：*表示 $p<0.05$，**表示 $p<0.01$，表中未打括号的数字为标准化 β 系数，括号中值为 ΔR^2。

此外，为进一步区分组织公平各维度的不同，对组织公平整体与工作产出整体及其维度之间的关系进行了调节效应检验，发现传统性的调节作用下降或变得不显著（$p>0.05$，具体结果均略）；相似地，对组织公平整体与员工建言整体及维度之间关系的调节效应检验也说明，传统性对上述关系不具有显著的调节作用。因而组织公平作为整体与其他变量的关系不受到传统性的影响，而组织公平的各个维度则受到了显著影响。因此，对于组织公平效用的边界条件检验，应当分别看待不同维度所发挥的作用；同理，为进一步验证员工建言各维度是否存在不同，对员工建言各维度与工作产出整体及其维度之间的关系进行了调节效应检验，发现传统性的调节作用均不显著。因而员工建言作为整体与工作产出及其维度的关系受到了传统性的影响，而建言感知与建言行为两个维度与工作产出的关系则不受到传统性高低的影响。因此，对于员工建言效用的边界条件的检验，应将建言机会感知、效果、行为作为一个整体进行考量。

5.5 分析结果小结

从数据分析结果来看，研究假设得到了一定程度的支持，总结如下（见表5.35）：

表5.35 假设检验结果总结

假设	假设内容	结果
H1	组织公平对工作产出具有显著正向影响	成立
H1a	组织公平各维度对工作满意度具有显著正向影响	成立
H1b	组织公平各维度对组织承诺具有显著正向影响	成立
H1c	组织公平各维度对主管承诺具有显著正向影响	部分成立
H1d	组织公平各维度对离职倾向具有显著负向影响	部分成立
H1e	组织公平各维度对薪酬满意度具有显著正向影响	部分成立
H2	组织公平对员工建言具有正向影响	成立
H2a	组织公平各维度对建言感知具有显著正向影响	部分成立
H2b	组织公平各维度对建言行为具有显著正向影响	成立

续表

假设	假设内容	结果
H3	员工建言对工作产出具有正向影响	成立
H3a	员工建言各维度对工作满意度具有显著正向影响	成立
H3b	员工建言各维度对组织承诺具有显著正向影响	成立
H3c	员工建言各维度对主管承诺具有显著正向影响	成立
H3d	员工建言各维度对离职倾向具有显著负向影响	部分成立
H3e	员工建言各维度对薪酬满意度具有显著正向影响	部分成立
H4	员工建言在组织公平与工作产出正向关系之间发挥了部分中介作用	成立
H4a	建言感知在组织公平与工作产出正向关系之间发挥了部分中介作用	成立
H4b	建言行为在组织公平与工作产出正向关系之间发挥了部分中介作用	成立
H5	当员工的传统性较高时，组织公平各维度对工作产出的影响程度较低	部分成立
H5a	当员工的传统性较高时，组织公平各维度对工作满意度影响程度较低	部分成立
H5b	当员工的传统性较高时，组织公平各维度对组织承诺的影响程度较低	部分成立
H5c	当员工的传统性较高时，组织公平各维度对主管承诺的影响程度较低	部分成立
H5d	当员工的传统性较高时，组织公平各维度对离职倾向的影响程度较低	不成立
H5e	当员工的传统性较高时，组织公平各维度对薪酬满意度影响程度较低	不成立
H6	当员工的传统性较高时，组织公平各维度对员工建言影响程度较低	部分成立
H6a	当员工的传统性较高时，组织公平各维度对建言感知影响程度较低	部分成立
H6b	当员工的传统性较高时，组织公平各维度对建言行为影响程度较低	部分成立
H7	当员工的传统性较高时，员工建言对工作产出的影响程度较低	成立
H7a	当员工的传统性较高时，员工建言对工作满意度影响程度较低	成立
H7b	当员工的传统性较高时，员工建言对组织承诺的影响程度较低	成立
H7c	当员工的传统性较高时，员工建言对主管承诺的影响程度较低	成立
H7d	当员工的传统性较高时，员工建言对离职倾向的影响程度较低	成立
H7e	当员工的传统性较高时，员工建言对薪酬满意度影响程度较低	不成立

第 6 章　讨论与结论

出版本书的主要目的在于：在现有对工作产出影响因素的研究基础之上，从员工的组织公平感知与建言验证其对工作产出积极影响，并以员工建言为中介变量尝试解释组织公平的影响机制和方式，同时检验传统性对上述关系的调节作用。通过文献回顾，构建了四个主要变量之间关系的理论框架，并运用深度访谈的方法予以修订和完善，进而提出研究假设。随后运用问卷调查和统计分析等手段对理论假设进行了检验。本章将给出研究的基本结论，并归纳总结研究意义，同时指出研究存在的局限及未来可能的研究方向。

6.1　分析结果讨论

6.1.1　组织公平对工作产出的影响

从数据分析结果可知，假设 H1 得到了支持，即员工的组织公平感知能够对工作产出产生直接显著的正向影响。

首先，这一结果在中国组织情境下验证了以往研究的结论（Aryee et al.，2002；Cropanzano et al.，2007；Elanain，2010），即组织公平感知能够为组织和员工创造福利，包括员工对组织的承诺与忠诚、对主管的承诺、对组织的眷恋及更高的满意度等。这说明，组织公平感知的积极作用不仅适合于西方国家员工，对中国员工同样有效。

其次，对组织公平各维度的作用差异的比较说明，分配公平、程序公平与互动公平对工作产出各维度的作用各异，即验证了 H1a~H1e。对于组织承诺，程序公平的影响大于互动公平，分配公平影响最小。而对于主管承诺，则是互动公平的影响大于程序公平，分配公平不具有显著影响。这一结果说明，互动公平作为员工对主管对待其是否公平的感知，对员工基于社会交换对象的积极反应，即主管承诺具有相对更大的影响；而程序公平作为员工对组织整体规程设置是否公平合理的感知，相应地，对员工的组织承诺具有更大的影响。这一结论支持了以往学者提倡的将组织公平感知三个维度分别根据社会交换对象进行区分和作用比较（Cropanzano et al.，2002；Masterson et al.，2000），在中国文化的特殊情境下验证了假设。

除此之外，互动公平对工作满意度的影响依次高于分配公平与程序公平，原因可能在于中国员工的工作满意程度更多来自与其主管的互动，正如以往研究中指出的，中国员工更多的是“为主管工作而不是为组织工作”，员工对主管的忠诚度相对于组织承诺来说，更能够促进员工的积极行为（Chen et al.，2002；Hui et al.，2004；Millissa F. Y. Cheung，2009）。而对于离职倾向，只有分配公平起到了显著的负向影响作用，说明分配结果的不公平是引起员工离职意愿的最大因素；薪酬满意度与此相似，分配公平的影响最大，其次是程序公平感知，互动公平没有显著影响。这说明作为员工对于组织分配结果的公平感知，更多决定了员工的薪酬满意度，其次的影响因素是制定薪酬的标准和程序是否公平。

由此可见，程序公平、互动公平与分配公平所发挥的作用大小根据社会交换对象的不同有所差异，同时对工作产出各维度的影响不同（Rupp & Cropanzano，2002），从这个意义上来说，组织公平感知的作用既具有跨文化的属性，也体现了本土化的特性。

6.1.2 组织公平对员工建言的影响

从数据分析结果可知，假设 H2 也得到了支持，即员工组织公平感知能够对员工建言产生直接显著的正向影响。

与以往对员工建言的研究相比，本书对员工建言影响因素的解释有所不同。以往研究对员工建言的解释往往从员工的个体特征、主观感知及领导方式等角度出发，并且研究对象仅限于建言行为，而忽略了建言感知。而本书发现，在现有对员工建言影响因素之外，员工的组织公平感知也能够影响建言。

此外，组织公平各维度对员工建言各维度均具有显著的正向影响，这对员工建言的以往研究做了进一步拓展，即不仅研究了建言行为的前因变量，而且将建言感知，即建言机会感知与建言效果感知两个重要维度纳入考虑，作为衡量员工建言的综合指标。这响应了以往研究的号召，即不仅考虑建言行为本身，而且员工对是否有机会建言及建言效果的感知也具有重要的预测意义（Avery，2002；Budd et al.，2010），即假设H2a、H2b均获得了实证支持。

对于建言感知，互动公平对建言感知的影响大于程序公平，分配公平对二者均无显著影响。对于建言行为而言，组织公平各维度的影响大小依次是互动公平、程序公平、分配公平。这可能是因为，当员工在与其主管互动过程中感受到更多的公平对待时，会提高员工对建言机会的感知，即"我们有渠道和机会表达意见"；同时由于主管尊重并亲身询问下属的意见，相对提高了员工对建言效果的感知，即"我们的建议可能会被采纳"，同时刺激员工的建言行为。总之，通过比较组织公平各维度对员工建言的影响差异，进一步验证了组织公平各维度作用的不同。

6.1.3 员工建言对工作产出的影响

从数据分析结果可知，假设H3得到了支持，即员工建言能够对工作产出产生直接显著的正向影响。

以往对员工建言的研究多关注建言行为的前因变量（Liang & Tang，2010；Lin Wang，2010），而较少验证员工建言所带来的积极作用，包括对员工满意度、承诺度及离职倾向的影响。本书的这一结论拓展了已有对员工建言的研究，实证检验了员工建言的积极预测作用，响应了以往学者对"员工建言是否真正有利于组织"的号召（Holland et al.，2011；Wilkinson & Fay，2011）。提供员工建言机会可以从两个方面提高员工对组织的积极感知（Lind & Tyler，1988），一方面，提供建言机会能够使接受者认为他的意见得到了重视；另一方面，建言潜在地允许个人影响组织决策的结果，即强调建言功效性的作用。而建言行为本身也会带来积极的心理体验，改善员工的态度。

通过数据分析结果可知，员工建言各维度对工作产出各变量的影响有差异。具体而言，对于工作满意度与组织承诺两个维度，建言行为的影响大于建言感知；而对于主管承诺的影响，建言感知大于建言行为；对于离职倾向和薪酬满意度，只有建言感知分别表现出了显著负向与正向影响。上述分析说明，建言行为与建言感知不仅在测量上具有统计的区分效度，也在预测作用上存在显著差异（Avery，2002）。当员工更多地积极建言时，会更多地提高其工作满意度，加深员工对组织的情感承诺，员工会更加把组织看作与其密切相关的共同体（Dundon et al.，2004），而当他们感受到建言机会时，会相应提高对主管的承诺度，降低离职意愿，并有机会获得更高的薪酬满意度。

6.1.4 员工建言的中介作用

从数据分析结果可知，假设 H4 得到了支持，即组织公平对工作产出的正向影响部分通过员工建言得到了实现。此外，员工建言的两个维度，建言感知与建言行为也分别发挥了部分中介作用。H4a、H4b 得到了支持。

该结论验证了员工建言的部分中介作用，说明组织公平感知对工作产出的积极影响一部分是通过员工建言间接实现的，即当员工感知到组织公平时，会提升其对建言机会、建言效果的感知，同时促进建言行为，而这种对组织公平对待的积极体验（包括感知与行为），促进了员工在工作中的积极态度，提高了工作产出。这一结论验证了员工建言在员工与组织交换关系中的桥梁作用，丰富了员工建言的理论研究。以往对员工建言的研究只停留在大量的前因变量探索与少部分建言效应的论述上，对于建言所发挥的中介与桥梁作用仅有少数理论与实证探究。Kanika（2007）的研究结果证明了员工建言对领导成员交换关系预测作用的中介作用，但测量的只是建言机会感知，而未涉及建言行为。本书将建言行为、建言机会感知、建言效果感知综合作为员工建言的测量指标，丰富了员工建言的内容框架，同时响应了 Wilkinson 和 Fay（2011）在对未来建言研究的展望中所指出的，要继续丰富并发展员工建言的测量结构、员工建言的效果验证及缓冲模型的探索。

6.1.5 传统性的调节作用

从实证研究所获取的数据分析来看，假设 H5、H6 部分成立，假设 H7 成立，即传统性在组织公平—工作产出、组织公平—员工建言、员工建言—工作产出的正向关系中起到了由大到小的负向调节作用。即相对于传统性低的员工，传统性高的员工的组织公平感知对工作产出、员工建言的积极影响，以及员工建言对工作产出的积极影响相对较弱，反之亦然。

Mellahi 等（2010）在研究中指出，在研究员工建言时，不应忽略文化的作用，尤其是在高权力距离的国家和社会中，可能会产生与西方社会不同的结果。因此，本书分别验证了传统性对上述关系的调节作用。根据传统性的定义可知，高传统性的员工倾向于具有高的权力距离，即倾向于接受权力分配的不均等（Farh et al.，2007）。在高权力距离的文化下，权力较小的成员会预期并接受不平等分配的权力（Hofstede，1997）。许多特权只适用于高地位或高级别的个体，而下属则从属于其主管。而较低的权力距离文化下，追求平权主义。人们会将地位差异最小化，下属的从属地位较弱。因此，低传统性个体希望参与到影响自身的决策中，而不愿意接受来自主管的专制对待。而抑制专制对待的互动公平感知，自然成为这些个体的需要。对于低传统性的员工来说，更加公平、平等的工作场所与建言环境保证了工作中的自决程度，从而与他们的预期相符，提高了他们的工作满意度和热情（吴隆增等，2009）。因此，组织公平、员工建言对工作产出的促进作用受到了高传统性文化价值观的削弱。具体而言，高传统性削弱了互动公平与工作满意度、主管承诺之间的正向关系，削弱了程序公平与组织承诺之间的关系。这与上述程序公平、互动公平对于不同社会交换对象所发挥的不同影响相对应。对于员工建言—工作产出的关系，除了薪酬满意度，传统性均削弱了员工建言整体与工作产出及其维度之间的关系。

对于组织公平—员工建言的关系来说，传统性对于互动公平与员工建言的关系具有显著的负向调节作用，对于分配公平与员工建言的关系不具有调节作用，而对于程序公平与员工建言及其各维度之间的关系则具有显著的正向调节作用。这一结果与预期传统性的负向调节作用存在相悖之处，原因可能在于程序公平与互动公平对员工建言影响的区别上。

具体来说，互动公平是员工与其主管个体之间在工作中人际交往的公平感知，包括主管是否尊重下属意见、善意地对待下属等，因此在个体与个体互动的前提下，当员工自身的传统性较高，即从属地位和角色意识较强时，会认为其与主管的关系是正式的上下级不平等关系，并且以完成主管交代的任务为导向，因此当互动公平感知提高时，从属地位和角色规范会削弱交换质量提高所带来的好处。换言之，高传统性的员工对于互动公平感知的积极作用并不敏感；而当互动公平感知降低时，员工的传统观念和角色规范会抵消交换关系下降所带来的损失，员工仍会出于角色义务进行建言，完成工作任务，从而减缓员工的负面反应。当员工传统性较低时，对于主管与其之间的等级地位感知不明显，倾向于建立平等的社会交换关系，因此主管与员工互动时的公平对待与尊重将发挥较大的积极促进作用，员工便会更倾向于积极地回报组织，包括建言和工作产出。因此，当传统性较高时，会削弱组织公平、员工建言对工作产出的作用，以及互动公平感知对于员工建言的影响，此时社会交换关系作用被角色规范作用替代。

而对于程序公平与员工建言的关系则有所不同，程序公平是员工对组织整体制定规章程序公平程度的感知，可以归纳为员工与组织整体在进行交换时所产生的态度，而非个体与个体的交换。此时传统性发挥的作用有所不同，当员工传统性观念较强时，程序公平感知对员工建言的促进作用也随之增强。原因可能在于，程序公平与员工建言本身具有共同点。Budd（2004）在著作中指出，程序公平应与建言区别开来，以往研究忽视了这一点，原因在于程序公平的概念与测量在某些程度上体现了员工建言，包括组织程序是否充分听取了员工的意见或员工是否对组织制定的程序发表建言等。尽管本书在测量时已经剔除了与建言相关的程序公平题项，但二者在内涵上的共通性使得程序公平仍对员工建言具有内在固有的正面影响，从而不易受外界条件的影响。因此，当传统性高时，感知到较高程序公平的员工便会在角色期望的驱动下，更加积极地回报相应的感知，即员工建言，包括对建言机会、效果的感知与具体的建言行为。当然，测量上的误差和条件限制对这一结果会有影响，因而对于程序公平—建言关系的边界条件，应在未来进行深入的探究。

综观传统性对三个主要变量关系的调节作用，可以发现传统性对主要变量关系调节作用的大小依次是：组织公平—工作产出关系、组织公平—员工建言关系、员工建言—工作产出关系。这说明员工组织公平感知对员工积极态度的影响对于文化价值观最为敏感。此外，传统性对于组织公平—工作产出的调节作用体现了不同维度对应的社会交换对象（调节了程序公平与组织承诺的关系、互动公平与主管承诺的关系）；而对员工建言与工作产出关系的调节作用则体现在员工建言整体的影响上。这说明当检验组织公平与员工建言对工作产出影响的条件性因素时，前者应当区分各个维度的不同作用和对应的交换对象，后者则应当将员工建言的各个维度考虑周全，作为一个整体进行测量。

6.1.6　控制变量的影响

通过检验人口统计变量在组织公平、员工建言与传统性上的方差显著性，发现性别与工作年限均在传统性上具有显著差异，具体来说，男性的传统性显著高于女性，这可能与传统文化有关。工作年限高于 3 年的员工传统性高于工作年限低于 3 年的员工。这一结论部分与 Zhang 等（2003）的研究结果相似，即男性的传统性高于女性。传统的中国女性较少有机会接触到现代思想，而接受了更为传统和严格的教育，因此其传统性高于男性。而在当代，这一趋势发生了逆转，现代的青年人在很大程度上摒弃传统文化和个性，尤其是女性。对现代化的接受程度上不再存在性别差异。现代文化对创新和变革的需求对于女性来说也不再有制约和限制。这一趋势迎合了现代知识女性提倡性别平等和自我解放的需求。因此，女性相对于男性来说，传统性反而较低。由于男性持有更多根深蒂固的传统观念，例如男尊女卑、论资排辈等，因此更倾向于恪守传统观念并满足于现状，呈现出了更多的传统性。

此外，工作年限较高的员工传统性也较高，这可能是由于随着工作年限的增长，员工的组织内自尊（Organization-Based Self-Esteem，OBSE）也会提高，即员工认为自己作为一个组织成员是有能力的、重要的以及有价值的（Pierce & Gardner，2004），由此会使得资历高的老员工在组织内的地位排辈更加明显，从而加深他们的传统观念，同时也与组织环境和氛围的影响不无关系。可见，尽管作为文化价值观一个稳定的变量，传统性也可能具有对时间和环境的敏感性。

对于员工建言来说，中层管理者的员工建言高于基层与高层管理者，这对组织的启示是，中层管理者能够在员工建言的沟通与促进方面发挥重要作用，他们通常是连接基层员工的心声与高层反馈的重要纽带，因此，组织要善于培养并发展中层管理者在建立和完善建言机制方面的作用；此外，员工的教育程度越高，其建言水平越高，这说明教育水平较高的员工，对于组织运作的优势劣势，以及创新变革都具有敏锐的眼光，能够更好地理解组织政策和机制的运作，更能为组织提供有利的建言，同时对组织提供的建言机会和效果具有敏感性。

6.2 研究结论

本书通过文献回顾、理论模型的建构，提出了相关假设，通过实证分析验证了各个假设，并得出以下结论。

6.2.1 基本结论

（1）组织公平对工作产出具有显著的积极影响，具体而言，分配公平、程序公平与互动公平对工作产出各变量均具有正向影响，包括工作满意度、组织承诺、主管承诺、离职倾向、薪酬满意度。

（2）组织公平各维度对工作产出变量的影响有所差异。具体而言，只有分配公平对离职倾向具有显著的负向作用，对薪酬满意度具有显著的正向作用，该影响大于程序公平；而程序公平对组织承诺的影响在三个维度中最大，其次为互动公平与分配公平；至于互动公平感知，在主管承诺维度上的影响大于程序公平，在工作满意度上的影响大于分配公平和程序公平。这说明了组织公平三个维度预测作用的差异。

(3) 组织公平对员工建言具有显著的积极影响。具体而言，组织公平各维度，包括分配公平、程序公平和互动公平均对建言行为和建言感知具有正向影响。其中程序公平与互动公平的影响程度相近，并大于分配公平。

(4) 员工建言对工作产出各变量具有显著正向影响。具体而言，员工建言各维度，包括建言行为和建言感知，均对工作产出各变量产生影响，并具有差异。其中，对于工作满意度和组织承诺，建言行为的影响显著高于建言感知；而对于主管承诺，则是建言感知的作用大于建言行为，此外，对于离职倾向和薪酬满意度，只有建言感知分别起到了负向和正向的预测作用。

总的来说，传统性显著调节了组织公平与工作产出之间的关系、组织公平与员工建言之间的关系，以及员工建言与工作产出之间的关系。具体而言，传统性较高时，组织公平与工作产出、员工建言之间的关系均相对较弱，即传统性具有负向的调节作用，削弱了组织公平对其结果变量的预测作用。传统性对员工建言与工作产出之间的负向调节作用也得到了部分支持。

6.2.2 其他发现

控制变量在主要变量上的差异，体现为男性的传统性显著高于女性；工作年限高于3年的员工，其传统性相对于工作年限低于3年的员工来说表现出了更高的传统性。此外，对于员工建言而言，企业规模越大，员工建言程度越高。在企业内部，工作职位处于中层管理者的员工，其建言程度显著高于基层与高层管理者，同时，教育程度较高的员工，其建言感知与行为也显著高于教育程度较低的员工。这些差异分析为组织人力资源实践提供了借鉴意义，人力资源管理者应采用多样的管理手段有针对性地利用这些人口统计变量特点开发并利用人才，从而更好地使组织公平、员工建言等变量对员工及组织发挥积极作用。

6.3 理论贡献

6.3.1 构建了工作产出、组织公平与员工建言的理论模型

本书在前人研究的基础之上，综合了组织行为学、管理学和心理学等有关理论，构建了工作产出、组织公平与员工建言三者关系的理论模型，并利用统计方法对该模型进行了实证检验，验证了该模型具有一定的解释力，即员工的工作产出既分别受到组织公平与员工建言的直接影响，又受到组织公平通过员工建言这一中介变量产生的间接影响。与此同时，传统性在这些影响关系中，均发挥了显著的调节作用，因此本书的发现丰富了现有对主要变量的理论研究。上述结果表明，如果员工将其在组织内的互动视为公认的正当的行为，会更有可能产生有利于组织的反应，包括员工建言与工作产出。

6.3.2 识别了组织公平各维度对工作产出的不同作用

基于社会交换不同对象，研究组织公平感知三个维度对工作产出的影响，验证了互动公平与程序公平、组织承诺与主管承诺的不同关系。这些发现凸显了将公平感知这一前因变量与工作产出结果变量按照社会交换关系联系起来的重要意义。通过不同交换对象测量组织公平，研究者能够更好地理解组织条件与主管行为是如何影响这些关系，从而驱动员工的态度与行为的。

本书对于社会交换理论的贡献在于，验证了组织公平不同维度是否能够作为人际对待或组织程序的影响因素，能否作为不同社会交换关系的解释变量。因此，将组织公平与社会交换理论结合在一起考虑，并检验互动公平与程序公平变量的不可替代性，具有重要的理论意义。本书的结果表明，仅仅检验一种公平感知或将组织公平作为整体，可能会产生偏颇的结论。例如，验证成立的组织公平及其结果之间的关系，可能事实上是不成

立的，也许在不同的公平感知下关系会发生显著变化。

6.3.3 丰富了员工建言的理论研究

对于员工建言而言，本书首次将建言感知作为一个主要测量指标，包括建言机会感知与建言效果感知，与建言行为一起作为测量员工建言的主要维度，从而对以往混淆的员工建言的操作化定义与测量进行了明确区分，验证了各个维度的不同作用，拓展并丰富了员工建言的理论研究。

此外，本书通过模型的假设检验，验证了公平感知与工作产出之间的关系可以通过员工建言得到部分实现，即员工建言在组织公平与工作产出的关系之间发挥了部分中介作用。这一结果说明，员工对组织的公平感知，如对薪酬的分配公平感知，对绩效评估过程的程序公平感知，以及与主管会面的互动公平感知，既可以直接影响员工对组织的反应，又部分通过影响员工建言感知与行为，从而影响员工的态度和行为。

6.3.4 识别了传统性的调节作用

传统性的调节作用验证了文化价值观在组织生活中所发挥的重要作用。人力资源管理专家已经认识到了文化价值观及其对组织成员态度的作用（Francis，1995）。本书发现，传统性高的员工可能更倾向于将程序公平感知归因于组织的善意待遇从而做出有利于组织的交换，而对于互动公平则相反。这一验证说明，传统文化价值观可以作为组织公平与员工建言、工作产出之间关系的缓冲剂。这三者的关系可能因为个人价值观的不同而发生强弱变化。因此，认识个体的价值观，并了解这些价值观是如何影响工作产出的前因变量的（例如组织公平），才能更加有的放矢地实施人力资源管理手段。此外，本书进一步验证了传统性能够作为一个有效测量中国文化下个体差异的价值观变量，为本土化研究和跨文化研究提供了借鉴意义。

黄光国（2009）在其著作中批判性地回顾了西方社会心理学家所建构的社会交换理论和正义理论，并以人类关系的四种基本模式的分析作为基础（社群分享、权威排序、平等匹配、市场计价），说明了人类社会关系的深层结构（Fiske，1991，1992），并借此说明了西方理论在权威排序模式上的盲点，其在20世纪70年代所建构的“人情与面子”理论模型是一种普适性的形式性理论，可以解释人类共同的心理功能，尤其是在与西方国家截然不同的中国社会。该理论将人与人之间的关系分为工具性关系、情感性关系与混合性关系，三种关系可以相互转换。因此可以运用这一理论解释传统性的调节作用。若存在交换性的工具性关系，社会交换更有可能发生。对于传统性低的员工来说，公平感知对工作产出的影响是通过员工对组织的工具性交换关系实现的。而对于传统性高的员工来说，与组织的情感联系是基于社会角色期望的。这些在五伦观念下产生的角色定位或价值观，使得传统员工在组织社会化的过程中关注的是他们所扮演的角色（Farh et al.，1997）。在这种情感性关系中，员工对组织的积极反应并不依赖他们的公平感知，而是来自他们在组织社会化和角色期望中形成的情感联系。如果员工的文化价值观尚未形成这种情感性联结，那么公平感知就能够预测员工的积极态度与行为。

这些结果说明，个人与组织之间的交换式关系存在明显的局限性，即社会关系性质影响了员工态度与行为的表现。以往学者认为组织行动（提供公平的薪酬体系）通过建立雇员与雇主间的社会交换影响了员工的态度（Dyne et al.，1994）。如果上述观点成立，那么可以预测传统性高与传统性低的员工投入工作的总体程度都应与公平感知相关。本书的结论与此并不存在矛盾，原因是传统性高的员工可能已经在组织中建立了契约式的关系，因此，公平感知也能够预测员工的积极态度。然而传统中国社会情境中的角色身份也可能替代组织中的交换关系。基于员工的社会角色与行为规范，他们并不必须通过交换式关系回报组织以积极的态度或行为。

6.3.5 Budd模型的管理学领域检验

Budd（2004）在《人性化的雇佣关系——效率、公平与发言权之间的平衡》中指出，雇佣关系的三大目标是效率、公平与发言权。他认为，以往对员工与组织关系的研究多关注两大问题，即公平与效率。雇主方追求效率，在组织内部体现为员工的工作产出；雇员方要求公平，在组织内部体现为组织公平。二者彼此根据对方的需要，组织为员工提供公平的环境，而员工回报组织以积极的态度与行为，从而提高组织效率。但这些忽略了另一个要素，就是发言权，对应了人力资源管理学中的员工建言。效率、公平与发言权之间存在着密切联系，公平与发言权都能够促进效率，这一点说明了对员工自决权、员工参与和话语权的重视，真正从员工一方的角度均衡了雇佣关系双方的力量，并受到了学界的广泛认可。但目前仍未有学者从人力资源管理的角度验证该模型。与此同时，该模型的理论根源来自西方的宗教学、政治学、管理学等，其结论能否完全适用于其他文化情境尚待考察，尤其是在以儒家思想为主、高权力距离的中国文化之下，更值得深入探讨该模型在中国文化下的适用性与边界条件。因此，本书首次从管理学的角度构建了工作产出、组织公平与员工建言的理论模型，并通过实证分析验证了三者之间的关系。同时考虑中国情境下文化价值观的影响，探究中国人传统性对三者关系的影响，在一定程度上解决了以上问题，为该模型的理论验证和普适性检验做出了贡献。

本书的结论证明了三者存在显著的正向关系，即组织公平与员工建言都能够积极影响工作产出，提高组织效率。同时，组织公平对工作产出的积极影响一部分通过员工建言得以实现，这一结论说明了员工建言在三者关系中的重要性，不仅单独作为影响组织效率的重要前因变量，更作为组织公平预测作用的桥梁，发挥了间接作用。此外，传统性调节了组织公平、员工建言与工作产出三者之间的关系。这说明，组织公平是由组织一方以改善效率为目的提供的公平环境，因此会更受到来自员工一方的文化价值观影响。而在中国文化下，基于权威排序的人情关系不同于西方文化下的工具性交换关系，具有高传统性的员工在传统文化的影响下，对于组织提供的公平环境感知具有较低的敏感性。

综上可知，劳动关系领域的效率、公平与发言权三因素模型，在人力资源管理领域得到了检验，所对应的主要因素分别是工作产出、组织公平与员工建言，经过验证该模型具有理论合理性和可靠性，通过对三者关系的实证检验，体现了建言应与公平并列（而不是相互混淆），作为促进工作产出的主要因素。此外，该模型在不同文化背景下应考虑文化价值观这一边界条件的作用，如基于中国文化的传统性会对三者关系的强弱产生影响，因此，学者和实践者应注意该模型的文化敏感性，针对不同文化将模型运用到管理实践中去。

6.4 管理建议

本书对于人力资源开发专家提供了几点管理建议。

6.4.1 推动组织公平及员工建言

人力资源开发专家需要继续致力于增强组织成员的公平感知及员工建言，因为二者均可提高员工的工作产出。管理者可以从组织公平感知的三个维度、员工建言的两个维度入手，培养高水平的组织公平感知与员工建言。如可以采用公平的分配机制，包括工作任务的分配、薪酬的分配等；建立公平、公开、公正的绩效评估机制与薪酬管理机制，从而提高程序公平感知；此外，主管要善意、尊重下属，及时提供下属所需的信息，聆听下属意见，这些都可以提高员工的互动公平感知。总之，中国组织在实施提高公平感知的战略时，应根据三个维度的不同作用有的放矢地设计人力资源管理体系。

6.4.2 重视建言的桥梁作用

研究发现，员工组织公平感知对工作产出的积极影响一部分是通过员工建言实现的。换言之，组织仅关注如何提高组织公平感知是不够的。如果员工建言并未得到保证，那么组织公平感将不能有效地转化为更高的工作产出，因此需要建设激励员工建言的组织环境。例如，可以建立并完善员工的进谏机制或建言机制，如员工委员会、企业工会、建言工作坊、意见栏等，为员工提供多种建言渠道；此外，上级领导对下属员工意见的征集和尊重会提高员工的建言机会感知，而采纳员工建言也会增加员工的建言效果感知，从而从多方面促进员工建言。

6.4.3 关注文化价值观的影响

人力资源开发者应认识到组织公平对工作产出的积极作用还有赖于人们的文化价值观。本书的结论说明，当设计人力资源开发战略以提高工作产出时，需要将文化价值观的因素纳入考虑。此结论是与我国的社会文化背景相契合的，杨国枢（1993）认为传统的中国人对待自己的主管会像对待长辈一样，即无条件服从，即使主管表现出不良的管理行为，传统性强的员工仍会倾向于克制自己并继续服从主管，甚至可能将这种行为视为对自己的严爱和培养，不会降低对主管的信任。他认为中国人从生活中习得的传统价值观，如传统性这一指标，会透过泛家族化的历程渗透到组织中。这也正是中国社会和企业组织中员工十分重视领导及主管的原因。而站在领导的角度，由于社会权力距离较大，领导对下属的管理方式主要由领导决定，而较少顾及下属的需求，因此，组织应针对这一问题，从文化、制度等多方面建立有效的干预机制，如建立员工意见反馈机制、以员工为导向的组织文化（employee-oriented culture）、加强组织上下级之间的沟通等。同时，对于传统性比较低的员工，组织可以利用西方的社会交换理论，为员工提供良好的组织环境，有针对性地加强对员工的指导和培训，如情绪管理等，使得员工能够更好地回馈组织，在组织中发挥才干。

6.4.4 提高管理的文化敏感性

管理者不应仅依赖一概而论的方案提高组织成员对工作与组织的态度，而应该提高文化敏感性。在中国情境下，当人们的传统观念较强时，组织公平感知所发挥的作用会被削弱，因此，组织应考虑其他策略激励高传统性的员工，如强调员工完成工作角色职责、为维持社会和谐而忠于主管等责任义务，这一点也与政府激励公民履行其公民义务有相似之处。管理者必须意识到源于西方国家的激励理论在中国文化与国家环境下的实施可行性，尤其是在中国这样一个富有高权力距离的传统国家。而对于传统性较低的员工，可以考虑组织公平、组织支持感等因素提高工作产出，如海尔有限公司就采取了多样的绩效管理体系，以满足高传统与低传统的中国员工。在招聘时，组织亦可以根据自身的需求和发展，有针对性地选取文化价值观与组织要求契合的员工。总之，管理者需要加深对工作场所中文化价值观的理解，设计具有文化敏感性的人力资源实践，从而激励具有不同文化价值观的员工个体或工作团队。

6.5 研究局限及研究建议

6.5.1 研究局限

在因变量的选取上，只选取了工作产出中的态度变量，以及组织承诺中的情感承诺部分，未考虑任务绩效、组织公民行为等行为变量，以及另两个维度——规范承诺、持续承诺。对于行为变量与态度变量之间关系有待在未来进行验证，从而完善整个模型。

研究方法方面，由于本书选取的是横断面数据，因此难以推广确切的因果关系。利用纵向的历史数据可以帮助解决这一问题，可以在未来一个时点进行一次后测研究，从而检验自变量与因变量之间随时间变化的关系。此外，由于数据来自同源汇报者——员工，因此存在同源方法误差。尽管已经在研究中进行了同源误差检验和控制，但如果能从不同汇报者角度收集数据，将从源头有效地消除这一问题。

从统计分析的角度来看，尽管样本覆盖面广，为提高本书理论框架的普适性，在样本发放上结合纸质发放与网上问卷发放的形式，使得样本地域覆盖了全国绝大部分城市（西藏、新疆、广西等地除外），问卷的内容如对组织公平的看法、建言制度的评价等在某种程度上涉及个人信息，较难排除被调查对象隐瞒其真实想法的情况。因此，在今后的研究中可以采取大范围抽样的方法选择样本，从而进一步验证本书中结论的可靠性。

6.5.2 未来研究方向

在传统社会中，提供更为“公平”的人力资源实践并不必然提高员工的积极态度与行为。在这些文化中更为重要的是员工与组织的基本关系及他们对组织的期望。正如Farh等学者（2007）所说，组织中的关系性质与文化联系是决定组织与员工互动模式的关键，而不只靠组织一方实施具体的改善措施。需要注意的是，随着这些传统社会的不断发展变革，许多正在经历的重大经济变革都可能影响这些关系。在工业化和经济发展进程下，员工与组织关系是否将不可避免地从文化契约模式转向市场模式？这些关系模式改变的程度有多大？这些都是未知的。毫无疑问的是，社会的变革将引发人们与组织关系的变化，这些变化将反映出员工基于公民原则的新型工作行为。

此外，对于如何提高建言有效性的研究要远少于建言行为影响因素的研究，即员工在什么情境下建言，如何表达观点才能发挥最大的效用，目前理论界已经逐渐开始关注这一研究领域。Gino和Schweitzer（2008）的实验研究发现，人们处于感激等积极情绪状态要比在愤怒等消极情绪状态下更容易接纳建言，因此，这对于建言者和倾听者来说都是重要的启示。此外，段锦云等（段锦云和凌斌，2011；段锦云和张倩，2012；傅强等，2012）分别对中国中庸思维对建言行为结构的影响进行了分析，并建立了理论框架；从建言行为的认知影响因素、理论基础及发生机制及员工建言行为的情绪机制等方面分析了建言行为。这些崭新的理论视角为员工建言的未来研究打下了良好的基础，提供了广阔的研究空间。

最后，未来研究应致力于进一步完善三因素模型，本书从实证上验证了三个主要因素之间的关系，构建了该模型的实证研究框架，同时考虑了文化价值观的边界作用。未来研究除了在此基础上深入探索现存变量间的关系（程序公平与员工建言之间的关系），还应考虑其他变量的影响，如组织公平与建言、工作产出的缓冲模型及建言与工作产出的缓冲模型。同时对于工作产出，应将有关行为等变量考虑在内，探究其与组织公平、建言及工作产出态度变量之间的关系，如任务绩效、组织公民行为等。

参考文献

[1] ADAMS J S. Towards an understanding of inequity [J]. The Journal of Abnormal and Social Psychology, 1963, 67 (5): 422-436.

[2] ADAMS J S. Inequity in social exchange [M] //BERKOWITZ L (Ed.), Advances in experimental social psychology. New York: Academic Press, 1965 (2): 267-299.

[3] AMANUEL G T, RIKI T M, TAYLOR S. Extending the Chain of Relationships among Organizational Justice, Social Exchange, and Employee Reactions: The Role of Contract Violations [J]. The Academy of Management Journal, 2005, 48 (1): 146-157.

[4] AMBROSE M L, ARNAUD A. Are procedural justice and distributive justice conceptually distinct? [M] //J A COLQUITT, J GREENBERG (Eds.), Handbook of organizational justice. Mahwah, NJ: Lawrence Erlbaum Associates, 2005: 85-112.

[5] AMBROSE M L, SCHMINKE M. Examining justice climate: Issues of fit, simplicity, and content [M] //DANSEREAU F, YAMMARINO F J (Eds.), Research in multilevel issues. Oxford, England: Elsevier, 2007: 397-413.

[6] AMBROSE M L, SEABRIGHT M A, SCHMINKE M. Sabotage in the workplace: The role of organizational injustice [J]. Organizational Behavior and Human Decision Processes, 2002 (89): 947-965.

[7] ARYEE S, BUDHWAR P S, CHEN Z X. Trust as a mediator of the relationship between organizational justice and work outcomes: Test of a social

exchange model [J]. Journal of Organizational Behavior, 2002, 23 (3): 267-285.

[8] ASHFORTH B E, HUMPHREY R H. Emotion in the workplace: A reappraisal [J]. Human Relations, 1995 (48): 97-125.

[9] AVERY D R, MCKAY P F, WILSON D C, et al. Does voice go flat? How tenure diminishes the impact of voice [J]. Human Resource Management, 2011, 50 (1): 147-158.

[10] AVERY D R, QUINONES M A. Disentangling the effects of voice: The incremental roles of opportunity, behavior, and instrumentality in predicting procedural fairness [J]. Journal of Applied Psychology, 2002, 87 (1): 81-86.

[11] AVERY D R, QUIÑONES M A. Individual Differences and the Voice Effect [J]. Group & Organization Management, 2004, 29 (1): 106-124.

[12] AVEY J B, AVOLIO B C C, LUTHANS F. Psychological Ownership: Theoretical Extensions, Measurement, and Relation to Work Outcomes [J]. Management Department Faculty Publications, 2009: 18.

[13] BEGLEY T M, LEE C, HUI C. Organizational level as a moderator of the relationship between justice perceptions and work-related reactions [J]. Journal of Organizational Behavior, 2006, 27 (6): 705-721.

[14] BERGGREN C. The Volvo experience: Alternatives to lean production in the Swedish auto industry [M]. Basingstoke, England: Macmillan, 1993.

[15] BERNSTEIN I. The Lean Years: A History of the American Worker, 1920-1933 [M]. Boston, MA: Houghton Mifflin, 1960.

[16] BIES R J, TRIPP T M. A passion for justice: The rationality and morality of revenge [M] //R CROPANZANO (Ed.), Justice in the workplace. Mahwah, NJ: Lawrence Erlbaum Associates, 2001: 197-208.

[17] MICHAEL B P. Exchange and Power in Social Life [M]. New York: Wiley, 1964.

[18] BOROFF K E, LEWIN D L. Voice and intent to exit a union firm: A

conceptual and empirical analysis [J]. Industrial and Labor Relations Review, 1997 (51): 50-63.

[19] BOWEN D E, GILLILAND S W, FOLGER R. HRM and service justice: How being just with employees spills over to customers [J]. Organizational Dynamics, 1999 (27): 7-23.

[20] BOXALL P, PURCELL J. Strategy and Human Resource Management, 2nd edition [M]. New York: Palgrave Macmillan, 2008.

[21] BRIAN W S, RYAN D Z. Born to burnout: A meta-analytic path model of personality, job burnout, and work outcomes [J]. Journal of Vocational Behavior, 2010, 76 (3): 487-506.

[22] BROCKNER J, CHEN Y-R, MANNIX E A, et al. Culture and Procedural Fairness: When the Effects of What You Do Depend on How. You Do It [J]. Administrative Science Quarterly, 2000, 45 (1): 138-159.

[23] BROCKNER J, HEUER L, SIEGEL P A, et al. The moderating effect of self-esteem in reaction to voice: Converging evidence from five studies [J]. Journal of Personality and Social Psychology, 1998, 75 (2): 394-407.

[24] BROCKNER J, TYLER T R, COOPER-SCHNEIDER R. The influence of prior commitment to an institution on reactions to perceived unfairness: The higher they are, the harder they fall [J]. Administrative Science Quarterly, 1992 (37): 241-261.

[25] BROCKNER J, WIESENFELD B M. An integrative framework for explaining reactions to decisions: Interactive effects of outcomes and procedures [J]. Psychological Bulletin, 1996, 120 (2): 189-208.

[26] BRUCE E K, DAPHNE G T. Nonunion Employee Representation [M]. New York: M. E. Sharpe, Inc., 2000.

[27] BRUCE E K. What unions do: Insights from economic theory [J]. Journal of Labor Research, 2004, 25 (3): 351-382.

[28] BUDD J W. Employment with a human face: Balancing efficiency, equity and voice [M]. Ithaca, NY: ILR Press, 2004.

[29] BUDD J W, GOLLAN P J, WILKINSON A. New approaches to employee voice and participation in organizations [J]. Human Relations, 2010, 63 (3): 303-310.

[30] BUDD J, ZAGELMEYER S. Public policy and employee participation [M] // A WILKINSON, P GOLLAN, M MARCHINGTON, ET AL (Eds.), The Oxford handbook of participation in organizations. Oxford: Oxford University Press, 2010.

[31] BURRIS E R, DETERT J R, CHIABURU D S. Quitting before leaving: The mediating effects of psychological attachment and detachment on voice [J]. Journal of Applied Psychology, 2008, 4 (93): 912-922.

[32] CHANG W C, WONG W K, KOH J B K. Chinese values in Singapore: Traditional and modern [J]. Asian Journal of Social Psychology, 2003, 6 (1): 5-29.

[33] CHARMI P, PAWAN B, ARUP V. Overall justice, work group identification and work outcomes: Test of moderated mediation process [J]. Journal of World Business, 2012, 47 (2): 213-222.

[34] CHEN C C, CHEN Y-R, XIN K. Guanxi practices and trust in management: A procedural justice perspective [J]. Organization Science, 2004, 15 (2): 200-209.

[35] CHEN Z X, ARYEE S. Delegation and employee work outcomes: An examination of the cultural context of mediating processes in China [J]. Academy of Management Journal, 2007, 50 (1): 226-238.

[36] CHEN Z X, FRANCESCO A M. The relationship between the three components of commitment and employee performance in China [J]. Journal of Vocational Behavior, 2003, 62 (3): 490-510.

[37] CHEN Z X, TSUI A S, FARH J-L. Loyalty to supervisor vs. organizational commitment: Relationships to employee performance in China [J]. Journal of Occupational and Organizational Psychology, 2002, 75 (3): 339-356.

[38] CHENG B S, CHOU L F, WU T Y, et al. Paternalistic leadership

and subordinate responses: Establishing a leadership model in Chinese organizations [J]. Asian Journal of Social Psychology, 2004 (7): 89-117.

[39] CORINE B, DEANNE N, DEN H, et al. The relationship between perceptions of HR practices and employee outcomes: Examining the role of person-organization and person-job fit [J]. The International Journal of Human Resource Management, 2011, 22 (1).

[40] COHEN-CHARASH Y, SPECTOR P E. The role of justice in organizations: A meta-analysis [J]. Organizational Behavior and Human Decision Processes, 2001, 86 (2): 278-321.

[41] COLQUITT J A, CONLON D E, WESSON M J, et al. Justice at the millennium: A meta-analytic review of 25 years of organizational justice research [J]. Journal of Applied Psychology, 2001 (86): 425-445.

[42] COLQUITT J A, GREENBERG J, ZAPATA-PHELAN C P. What is organizational justice? A historical overview [M] //J GREENBERG, J A COLQUITT (Eds.), Handbook of organizational justice. Mahwah, NJ: Lawrence Erlbaum Associates, 2005: 3-56.

[43] COLUMELLA L, ASH H B, FORSTER E S, et al. Res rustica: In three volumes [M]. Cambridge: Harvard University Press, 1941.

[44] COX A, ZAGELMEYER S, MARCHINGTON M. Embedding employee involvement and participation at work [J]. Human Resource Management Journal, 2006, 16 (3): 250-267.

[45] CROPANZANO R, BOWEN D, GILLILAND S. The management of organizational justice [J]. The Academy of Management Perspectives ARCHIVE, 2007, 21 (4): 34-48.

[46] CROPANZANO R, MITCHELL M S. Social exchange theory: An interdisciplinary review [J]. Journal of Management, 2005, 31 (6): 874-900.

[47] CROPANZANO R, PREHAR C A, CHEN P Y. Using social exchange theory to distinguish procedural from interactional justice [J]. Group & Organization Management, 2002, 27 (3): 324-351.

[48] CROPANZANO R, RUPP D E, MOHLER C J, et al. Three roads to organizational justice [M] //J FERRIS (Ed.), Research in personnel and human resources management. Greenwich, CT: JAI Press, 2001 (20): 1-113.

[49] DETERT J R, BURRIS E R. Leadership behavior and employee voice: Is the door really open? [J]. Academy of Management Journal, 2007, 50 (4): 869-884.

[50] DEVONISH D, GREENIDGE D. The Effect of Organizational Justice on Contextual Performance, Counterproductive Work Behaviors, and Task Performance: Investigating the moderating role of ability-based emotional intelligence [J]. International Journal of Selection and Assessment, 2010, 18 (1): 75-86.

[51] DIETZ G, WILKINSON A, REDMAN T. Involvement and participation [M] //A WILKINSON, N BACON, T REDMAN, et al (Eds.), The Sage handbook of human resource management. London: Sage, 2009.

[52] DOUGLAS B C. The causal order of job satisfaction and organizational commitment in models of employee turnover [J]. Human Resource Management Review, 1999, 9 (4): 495-524.

[53] DOUGLAS M C, DAVID I L. Product quality and pay equity between lower-level employees and top management: An investigation of distributive justice theory [J]. Administrative Science Quarterly, 1992, 37 (2): 302-320.

[54] DUNDON T, WILKINSON A, MARCHINGTON M, et al. The meanings and purpose of employee voice [J]. The International Journal of Human Resource Management, 2004, 15 (6): 1149-1170.

[55] DYNE L V, ANG S, BOTERO I C. Conceptualizing employee silence and employee voice as multidimensional constructs [J]. Journal of Management Studies, 2003, 40 (6): 1359-1392.

[56] DYNE L V, GRAHAM J W, DIENESCH R M. Organizational citizenship behavior: Construct redefinition, measurement, and validation [J]. The Academy of Management Journal, 1994, 37 (4): 765-802.

[57] DYNE L V, LEPINE J A. Helping and voice extra-role behaviors: Evidence of construct and predictive validity [J]. The Academy of Management Journal, 1998, 41 (1): 108-119.

[58] EDWARDS A L. A factor analysis of experimental social desirability and response set scales [J]. Journal of Applied Psychology, 1963, 47 (5): 308-316.

[59] ELAINE F, JOPPE V R, CLARE K, et al. The influence of perceived employee voice on organizational commitment: An exchange perspective [J]. Human Resource Management, 2011, 50 (1): 113-129.

[60] ELANAIN H M A. Testing the direct and indirect relationship between organizational justice and work outcomes in a non-Western context of the UAE [J]. Journal of Management Development, 2010, 29 (1): 5-27.

[61] EMERSON R M. Social exchange theory. In M Rosenberg & R H Turner (Eds.), Social psychology: Sociological perspectives [M]. New York: Basic Books, 1981.

[62] ERAN V, ILAN T, AVIV P. Internal politics in academia: Its nature and media-ting effect on the relationship between social capital and work outcomes [J]. International Journal of Organization Theory and Behavior, 2011, 14 (1): 1-37.

[63] ERDOGAN B, LIDEN R C, KRAIMER M L. Justice and leader-member exchange: The moderating role of organizational culture [J]. The Academy of Management Journal ARCHIVE, 2006, 49 (2): 395-406.

[64] FARH J, HACKETT R D, LIANG J. Individual-level cultural values as moderators of perceived organizational support-employee outcome relationships in China: Comparing the effects of power distance and traditionality [J]. Academy of Management Journal, 2007, 50 (3): 715-729.

[65] FARH J L, EARLEY P C, LIN S C. Impetus for action: A cultural analysis of justice and organizational citizenship behavior in Chinese society [J]. Administrative Science Quarterly, 1997 (42): 421-444.

[66] FARH, J L, LEONG F T, LAW K S. On the cross-cultural validity of Holland's model of vocational choices in Hong Kong [J]. Journal of Vocational Behavior, 1998 (52): 425-440.

[67] FARH J L, TSUI A S, XIN K, et al. The influence of relational demography and guanxi: The Chinese case [J]. Organization Science, 1998 (9): 471-488.

[68] FARH J L, ZHONG C B, ORGAN D. Organizational citizenship behavior in the People's Republic of China [J]. Organization Science, 2004 (2): 241-253.

[69] FARNDALE E, VAN R J, KELLIHER C, et al. The influence of perceived employee voice on organizational commitment: An exchange perspective [J]. Human Resource Management, 2011, 50 (1): 113-129.

[70] FARRELL D, RUSBULT C. Understanding the retention function: A model of the causes of exit, voice, loyalty and neglect behaviors [J]. The Personnel Administrator, 1985, 30 (4): 129-136.

[71] FISKE ALAN P. Structures of Social Life: The Four Elementary Forms of Human Relations [M]. New York: Free Press, 1991.

[72] FISKE A P. The four elementary forms of sociality: Framework for a unified theory of social relations [J]. Psychological Review, 1992, 99 (4): 689-723.

[73] DE POEL F M, STOKER J I, VAN D Z K I. Climate control? The relationship between leadership, climate for change, and work outcomes [J]. The International Journal of Human Resource Management, 2012, 23 (4): 694-713.

[74] FOA E B, URIEI G. Foa "Resource theory of social exchange" [M] // JOHN W THIBAUT, T T SPENCE , R C CARSON (eds.), Contemporary Topics in Social Psychology. Morristown, NJ: General Learning Press, 1976: 99-131.

[75] FOLEY J, POLANYI M. Workplace democracy: Why bother? [J].

Economic and Industrial Democracy, 2006, 27 (1): 173-191.

[76] FOLGER R, CROPANZANO R. Organizational justice and human resource management [M]. London: Sage, 1998.

[77] FOLGER, ROBERT, MARY A KONOVSKY. Effects of procedural and distributive justice on reactions to pay raise decisions [J]. Academy of Management Journal, 1989 (32): 115-130.

[78] FRANCIS J L. Training across cultures [J]. Human Resource Development Quarterly, 1995, 6 (1): 101-107.

[79] FREEMAN R B, BOXALL P, HAYNES P. What workers say: Employee voice in the Anglo-American workplace [M]. Ithaca, NY: Cornell University Press, 2007.

[80] FREEMAN R, MEDOFF J. What do unions do? [M]. New York: Basic Books, 1984.

[81] FREEMAN R B, ROGERS J. What workers want [M]. Ithaca, NY: Cornell University Press, 2006.

[82] GEORGE C, HOMANS. Social Behavior as Exchange [J]. American Journal of Sociology, 1958, 63 (6): 597-606.

[83] GINO F, SCHWEITZER M E. Blinded by anger or feeling the love: How emotions influence advice taking [J]. Journal of Applied Psychology, 2008, 93 (5): 1165-1173.

[84] GOLDBERG C B, CLARK M A, HENLEY A B. Speaking up: A conceptual model of voice responses following the unfair treatment of others in non-union settings [J]. Human Resource Management, 2011, 50 (1): 75-94.

[85] GOLLAN P, WILKINSON A. Contemporary developments in information and consultation [J]. International Journal of Human Resource Management, 2007, 7 (18): 1133-1145.

[86] GOODMAN P S. An examination of referents used in the evaluation of pay [J]. Organizational Behavior and Human Performance, 1974 (6): 15.

[87] GREENBERGER B D, STRASSER S. Development and application

of a model of personal control in organizations [J]. Academy of Management Review, 1986, 11 (1): 164-177.

[88] GREENBERG J. Equity and workplace status: A field experiment [J]. Journal of Applied Psychology, 1988 (73): 606-613.

[89] GREENBERG J. Stealing in the name of justice: Informational and interpersonal moderators of theft reactions to underpayment inequity [J]. Organizational Behavior and Human Decision Processes, 1993 (54): 81-103.

[90] HAGEDOORN M, VAN Y N, VAN D V E, et al. Empolyees' reactions to problematic events: A complex structure of five categories of responses, and the role of job satisfaction [J]. Journal of Organizational Behavior, 1999 (20): 309-321.

[91] ZHANG H Y, NARESH C A. The mediating roles of organizational justice on the relationships between HR practices and workplace outcomes: An investigation in China [J]. The International Journal of Human Resource Management, 2009, 20 (3): 676-693.

[92] HANDEL M, LEVINE D. The effects of new work practices on workers [J]. Industrial Relations, 2004, 43 (1): 1-43.

[93] HARLEY W G, HYMAN J, THOMPSON P. Participation and democracy at work: Essays in honour of Harvie [M]. Basingstoke: Ramsay, 2005.

[94] HARLOS K. When organizational voice systems fail: More on the deaf-ear syndrome and frustration effects [J]. Journal of Applied Behavioural Science, 2001, 31 (3): 324-342.

[95] HARRISON J, FREEMAN E. Is organizational democracy worth the effort? [J]. Academy of Management Executive, 2004, 18 (3): 49-53.

[96] HIRSCHMAN A. Exit, voice, and loyalty: Responses to decline in firms, organizations, and states [M]. Cambridge, MA: Harvard University Press, 1970.

[97] HIRSCHMAN C. Giving voice to employee concerns [J]. HR Magazine, 2008, 53 (8): 51-53.

[98] HOFSTEDE G. Cultures and organizations: Software of the mind [M]. London: McGraw-Hill, 1997.

[99] HOLLAND P, PYMAN A, COOPER B K, et al. Employee voice and job satisfaction in Australia: The centrality of direct voice [J]. Human Resource Management, 2011, 50 (1): 95-111.

[100] HOLTZ B C, HAROLD C M. Interpersonal justice and deviance: The moderating effects of interpersonal justice values and justice orientation [J]. Journal of Management, 2010: 1-50.

[101] HUI C, LEE C, ROUSSEAU D M. Employment relationships in China: Do workers relate to the organization or to people? [J]. Organization Science, 2004 (15): 232-240.

[102] HUI C, LEE C, ROUSSEAU D M. Psychological contract and organizational citizenship behavior in China: Investigating generalizability and instrumentality [J]. Journal of Applied Psychology, 2004 (89): 311-321.

[103] INKELES A. National Character: A psycho - social perspective [M]. London: Transaction Publishers, 1997.

[104] JACLYN M N, DONALD E C. Organizational Justice: Looking back, looking forward [J]. International Journal of Conflict Management, 2005, 16 (1): 4-29.

[105] JAMES B D. The effect of organizational justice, perceived organizational support, and perceived supervisor support on marketing employees' level of trust [J]. Journal of Business Research, 2010, 63 (12): 1349-1355.

[106] JAMES G, MAXHAM III, RICHARD G NETEMEYER. Firms Reap What They Sow: The Effects of shared values and perceived organizational justice on customers' evaluations of complaint handling [J]. Journal of Marketing, 2003, 67 (1): 46-62.

[107] JAMES J L, GARY C M, CHRISTOPHER M H. Fairness in human resource management, social exchange relationships, and citizenship behavior: Testing linkages of the target similarity model among nurses in the United States

[J]. The International Journal of Human Resource Management, 2009, 20 (12): 15.

[108] JANSSEN O, DE VRIES T, COZIJNSEN A J. Voicing by adapting and innovating employees: An empirical study on how personality and environment interact to affect voice behavior [J]. Human Relations, 1998, 51 (7): 945-967.

[109] JIING-LIH F P, CHRISTOPHER E, SHU-CHI L. Impetus for Action: A Cultural Analysis of Justice and Organizational Citizenship Behavior in Chinese Society [J]. Administrative Science Quarterly, 1997, 42 (3): 421-444.

[110] ZHANG J, ZHENG W. How does satisfaction translate into performance? An examination of commitment and cultural values [J]. Human Resource Development Quarterly, 2009, 20 (3): 336-337.

[111] JOANNE M, JOSEPH W H. Bread and roses: Justice and the distribution of financial and socio-emotional rewards in organizations [J]. Social Justice Research, 1994, 7 (3): 241-264.

[112] JUMA N, LEE J-Y. The moderating effects of traditionality-modernity on the effects of internal labor market beliefs on employee affective commitment and their turnover intention [J]. The International Journal of Human Resource Management, 2011: 1-18.

[113] KANIKA T B, MAHFOOZ A A. Leader-member exchange-subordinate outcomes relationship: Role of voice and justice [J]. Leadership & Organization Development Journal, 2007, 28 (1): 20-35.

[114] KAUFMAN B, TARAS D. Employee participation through non-union forms of employee representation [M] //A WILKINSON, P GOLLAN, M MARCHINGTON, et al (Eds.), The Oxford handbook of participation in organizations. Oxford: Oxford University Press, 2010.

[115] KIM J, MACDUFFIE J P, PIL F K. Employee voice and organizational performance: Team versus representative influence [J]. Human Relations,

2010, 63 (3): 371-394.

[116] KIM W C, MAUBORGNE R A. Procedural justice, attitudes, and subsidiary top management compliance with multinationals' corporate strategic decisions [J]. Academy of Management Journal, 1993 (36): 502-526.

[117] KIM W C, MAUBORGNE R A. Blue ocean strategy: How to create uncontested market space and make competition irrelevant [M]. Cambridge, MA: Harvard Business School Press, 2005.

[118] KIRKMAN B L, LOWE K B, GIBSON C B. A quarter century of culture's consequences: A review of empirical research incorporating Hofstede's cultural values framework [J]. Journal of International Business Studies, 2006 (37): 285-320.

[119] KORSGAARD M, ROBERSON L. Procedural justice in performance evaluation: The role of instrumental and non-instrumental voice in performance appraisal discussions [J]. Journal of Management, 1995 (21): 657-669.

[120] LAM S S K, SCHAUBROECK J, ARYEE S. Relationship between organizational justice and employee work outcomes: A cross-national study [J]. Journal of Organizational Behavior, 2002 (23): 1-18.

[121] LANSBURY R, WAILES N. Employee involvement and direct participation [M] //P BLYTON, N BACON, J FIORITO, et al (Eds.), The Sage handbook of industrial relations . London: Sage, 2008: 434-446.

[122] LAWLER E E. Pay and organizational effectiveness: A psychological view [M]. New York: McGraw-Hill, 1971.

[123] LEE C, PILLUTLA M, LAW K S. Power distance, gender and organizational justice [J]. Journal of Management, 2000 (26): 685-704.

[124] LEPINE J A, VAN D L. Predicting voice behavior in work groups [J]. Journal of Applied Psychology, 1998 (83): 853-868.

[125] LEPINE J A V D, LINN. Voice and cooperative behavior as contrasting forms of contextual performance: Evidence of differential relationships with Big Five personality characteristics and cognitive ability [J]. Journal of Ap-

plied Psychology, 2001, 86 (2): 326-336.

[126] LEWIN D, MITCHELL D. Systems of employee voice: Theoretical and empirical perspectives [J]. California Management Review, 1992, 34 (3): 95-111.

[127] LEVENTHAL G S. What should be done with equity theory? New approaches to the study of justice in social relationships [M] //K GERGEN, M GREENBERG, R WILLIS (Eds.), Social exchange: Advances in experimental and social psychology. New York: Plenum, 1980 (9): 91-131.

[128] LIANG J, TANG J. A multi-level study on employee voice: Evidence from a chain of retail stores [J]. Frontiers of Business Research in China, 2010, 4 (4): 541-561.

[129] LIDEN R C, WAYNE S J, KRAIMER M L, et al. The dual commitments of contingent workers: An examination of contingents' commitment to the agency and the organization [J]. Journal of Organizational Behavior, 2003 (24): 609-625.

[130] LIU W, ZHU R, YANG Y. I warn you because I like you: Voice behavior, employee identifications and transformational leadership [J]. The Leadership Quarterly, 2010, 21 (1): 189-202.

[131] LOI R, HANG-YUE N, FOLEY S. Linking employees' justice perceptions to organizational commitment and intention to leave: The mediating role of perceived organizational support [J]. Journal of Occupational and Organizational Psychology, 2006, 79 (1): 101-120.

[132] LOWE R, VODANOVICH S. A field study of distributive and procedural justice as predictors of satisfaction and organizational commitment [J]. Journal of Business and Psychology, 1995 (10): 99-114.

[133] MARCHINGTON M. Employee voice systems [M] // P BOXALL, J PURCELL, P WRIGHT (Eds.), The Oxford handbook of human resource management. Oxford: Oxford University Press, 2008.

[134] MARCHINGTON M, WILKINSON A, ACKERS P, et al. Management

choice and employee voice [M]. London: CIPD, 2001.

[135] MARCHINGTON M, WILKINSON A. Direct participation and involvement [M] //BACH S (ed.) Managing Human Resources, 4th edition. Oxford: Blackwell, 2005: 398-423.

[136] MASTERSON S S. A trickle-down model of organizational justice: Relating employees' and customers' perceptions of and reactions to fairness [J]. Journal of Applied Psychology, 2001, 86 (4): 594-604.

[137] MASTERSON S S, LEWIS K, GOLDMAN B M, et al. Integrating justice and social exchange: The differing effects of fair procedures and treatment on work relationships [J]. Academy of Management Journal, 2000 (43): 738-748.

[138] MCFARLIN D B, SWEENEY P D. Distributive and procedural justice as predictors of satisfaction with personal and organizational outcomes [J]. Academy of Management Journal, 1992 (35): 626-637.

[139] MELLAHI K, BUDHWAR P S, BAIBING L. A study of the relationship between exit, voice, loyalty and neglect and commitment in India [J]. Human Relations, 2010, 63 (3): 349-369.

[140] MELVIN J L. The Justice Motive: Where social psychologists found it, how they lost it, and why they may not find it again [J]. Personality and Social Psychology Review, 2003, 7 (4): 388-399.

[141] MILKOVICH G T, NEWMAN J M. Compensation (8th Ed.) [M]. Boston: McGraw-Hill, 2005.

[142] MILLIKEN F J, MORRISON E W, HEWLIN P F. An exploratory study of employee silence: Issues that employees don't communicate upward and why [J]. Journal of Management Studies, 2003, 40 (6): 1453-1476.

[143] MILLISSA F Y C, W-P W, ALLAN K K C, et al. Supervisor-subordinate guanxi and employee work outcomes: The mediating role of job satisfaction [J]. Journal of Business Ethics, 2009, 88 (1): 77-89.

[144] MOORMAN R H, BLAKELY G L, NIEHOFF B P. Does perceived

organizational support mediate the relationship between procedural justice and organizational citizenship behavior? [J]. The Academy of Management Journal, 1998, 41 (3): 351-357.

[145] MORRISON E W. Role definitions and organizational citizenship behavior: The importance of the employee's perspective [J]. Academy of Management Journal, 1994 (637): 1543-1567.

[146] MORRISON E W, MILLIKEN F J. Organizational silence: A barrier to change and development in a pluralistic world [J]. The Academy of Management Review, 2000, 25 (4): 706-725.

[147] MOWDAY R T, STEERS R M, PORTER L W. The measurement of organizational commitment [J]. Journal of Vocational Behavior, 1979, 14 (2): 224-247.

[148] MÜLLER-JENTSCH W. Industrial democracy: Historical development and current challenges [J]. Management Revue, 2008 (19): 260-273.

[149] NG T W H, FELDMAN D C. Employee voice behavior: A meta-analytic test of the conservation of resources framework [J]. Journal of Organizational Behavior, 2011.

[150] NIEHOFF B P, MOORMAN R H. Justice as a mediator of the relationship between methods of monitoring and organizational citizenship behavior [J]. The Academy of Management Journal, 1993, 36 (3): 527-556.

[151] ORGAN D W. Organizational Citizenship Behavior: The "Good Soldier" Syndrome [M]. Lexington, MA: Lexington Books, 1988.

[152] PEK J C X, LEONG F T L. Sex-related self-concepts, cognitive styles and cultural values of traditionality-modernity as predictors of general and domain-specific sexism [J]. Asian Journal of Social Psychology, 2003, 6 (1): 31-49.

[153] PENNEBAKER J W. Opening up: The healing power of expressing emotions [M]. New York: Guilford Press, 1997.

[154] PFEFFER J. The human equation: Building profits by putting

people first [M]. Boston: Harvard Business School Press, 1998.

[155] PFEFFER J, SUTTON R I. Hard facts, dangerous half-truths, and total nonsense: Profiting from evidence-based management [M]. Cambridge, MA: Harvard Business School Press, 2006.

[156] PIERCE J L, GARDNER D G. Self-esteem within the work and organizational context: A review of the organization-based self-esteem literature [J]. Journal of Management, 2004, 30 (5): 591-622.

[157] PILLAI R, SCHRIESHEIM C A, WILLIAMS E S. Fairness perceptions and trust as mediators for transformational and transactional leadership: A two-sample study [J]. Journal of Management, 1999, 25 (6): 897-933.

[158] PILLUTLA M M, FARH J-L, LEE C, et al. An investigation of traditionality as a moderator of reward allocation [J]. Group & Organization Management, 2007, 32 (2): 233-253.

[159] POOLE M. Towards a new industrial democracy: Workers' participation in industry [M]. London: Routledge & Kegan Paul, 1986.

[160] PODSAKOFF P M, MACKENZIE S B, LEE J Y, et al. Common method biases in behavioral research: A critical review of the literature and recommended remedies [J]. Journal of Applied Psychology, 2003, 88 (5): 879-903.

[161] PROCTOR S, MUELLER F (Eds.). Team working [M]. London: Macmillan, 2000.

[162] PURCELL J, GEORGIADIS K. Why should employees bother with worker voice? [M]//R FREEMAN, P BOXALL, P HAYNES (Eds.), What workers say: Employee voice in the Anglo-Saxon world . Ithaca, NY: Cornell University Press, 2006.

[163] PYMAN A, COOPER B, TEICHER J, et al. A comparison of the effectiveness of employee voice arrangements in Australia [J]. Industrial Relations Journal, 2006, 37 (5): 543-559.

[164] RALSTON D A, EGRI C P, STEWARD S, et al. Doing business

in the 21st century with the new generation of Chinese managers: A study of generational shifts in work values in China [J]. Journal of International Business Studies, 1999 (30): 415-427.

[165] RALSTON D A, POUNDER J, LO C W H, et al. Stability and change in managerial work values: A longitudinal study of China, Hong Kong, and the US [J]. Management and Organization Review, 2006, 2 (1): 67-94.

[166] RHOADES L, EISENBERGER R. Perceived organizational support: A review of the literature [J]. Journal of Applied Psychology, 2002 (87): 698-714.

[167] ROYER S, WATERHOUSE J, BROWN K, et al. Employee voice and strategic competitive advantage in international modern public corporations: An economic perspective [J]. European Management Journal, 2008, 26 (4): 234-246.

[168] RADUAN C R, NARESH K, ONG G P. The effect of organizational learning on organizational commitment, job satisfaction and work performance [J]. The Journal of Applied Business Research, 2009, 25 (6): 55.

[169] RUPP D E, CROPANZANO R. The mediating effects of social exchange relationships in predicting workplace outcomes from multifoci organizational justice [J]. Organizational Behavior and Human Decision Processes, 2002, 89 (1): 925-946.

[170] RUSBULT C E, FARRELL D, ROGERS G, et al. Impact of exchange variables on exit, voice, loyalty, and neglect: An integrative model of responses to declining job satisfaction [J]. The Academy of Management Journal, 1988, 31 (3): 599-627.

[171] RUSSELL C, DAVID E B, STEPHEN W G. The management of organizational justice [J]. Academy of Management Perspectives, 2007: 34-48.

[172] SASHKIN M. Changing toward participative management approaches: A model and methods [J]. Academy of Management Review, 1976: 75-86.

[173] SKARLICKI D P, LATHAM G P. Increasing citizenship behavior

within a labor union: A test of organizational justice theory [J]. Journal of Applied Psychology, 1996 (81): 161-169.

[174] SKITKA L J, WINQUIST J, HUTCHINSON S. Are outcome justice and outcome favorability distinguishable psychological constructs? A meta-analytic review [J]. Social Justice Research, 2003 (16): 309-341.

[175] SPENCER D G. Employee voice and employee retention [J]. Academy of Management Journal, 1986, 29 (3): 488-502.

[176] SPENCER S, RUPP D E. Angry, guilty, and conflicted: Injustice toward coworkers heightens emotional labor [C]. Paper presented at the Annual Meeting of the Society for Industrial and Organizational Psychology, Dallas, TX, 2006.

[177] SPREITZER G M, PERTTULA K H, XIN K. Traditionality matters: An examination of the effectiveness of transformational leadership in the United States and Taiwan [J]. Journal of Organizational Behavior, 2005 (26): 205-227.

[178] STEPHEN F B, BUDD J W. Invisible hands, invisible objectives: bringing workplace law and public policy into focus [M]. Stanford, CA: Stanford University Press, 2009.

[179] STEWART J, ADRIAN W, PETER A. Applying Budd's model to partnership [J]. Economic and Industrial Democracy, 2011, 32 (2): 307-328.

[180] STRAUSS G. Worker participation-some under-considered issues [J]. Industrial Relations, 2006, 45 (4): 778-803.

[181] TANGIRALA S, RAMANUJAM R. Employee silence on critical work issues: The cross level effects of procedual justice climate [J]. Personnel Psychology, 2008, 61 (1): 37-68.

[182] TEKLEAB A G, CHIABURU D S. Social exchange: Empirical examination of form and focus [J]. Journal of Business Research, 2011, 64 (5): 460-466.

[183] TEKLEAB A G, TAKEUCHI R, TAYLOR M S. Extending the chain of relationships among organizational justice, social exchange, and employee reactions: The role of contract violations [J]. The Academy of Management Journal, 2005, 48 (1): 146-157.

[184] THIBAUT J, WALKER L. Procedural justice: A psychological analysis [M]. Hillsdale, NJ: Erlbaum, 1975.

[185] TRIANDIS H C. A strategy for cross cultural research in social psychology [J] //In JOSEPH P FORGAS and J MICHAEL INNES (Eds.), Recent Advances in Social Psychology, Amsterdam: Elsevier North-Holland, 1989: 491-499.

[186] TSUI A S. Contributing to global management knowledge: A case for high quality indigenous research [J]. Asia Pacific Journal of Management, 2004 (21): 491-513.

[187] TURNLEY W H, FELDMAN D C. The impact of psychological contract violations on exit, voice, loyalty, and neglect [J]. Human Relations, 1999, 52 (7): 895-922.

[188] TYLER T R, BLADER S L. Cooperation in groups: Procedural justice, social identity, and behavioral engagement [M]. Philadelphia: Psychology Press, 2000.

[189] VAN D, LINNEA, JILL W GRAHAM, et al. Dienesch. Organizational citizenship behavior: Construct redefinition, measurement, and validation [J]. Academy of Management Journal, 1994 (37): 765-802.

[190] WALL T, MARTIN R. Job and work design [M] //C COOPER, I ROBERTSON (Eds.). International review of industrial and organizational psychology. Chichester, England: John Wiley, 1987: 61-91.

[191] WANG L, CHU X, NI J. Leader-member exchange and organizational citizenship behavior: A new perspective from perceived insider status and Chinese traditionality [J]. Frontiers of Business Research in China, 2010, 4 (1): 148-169.

[192] TSAI W-C, CHEN H-W, CHENG J-W. Employee positive moods as a mediator linking transformational leadership and employee work outcomes [J]. The International Journal of Human Resource Management, 2009, 20 (1): 206-219.

[193] WEISS H M, SUCKOW K, CROPANZANO R. Effects of justice conditions on discrete emotions [J]. Journal of Applied Psychology, 1999 (84): 786-794.

[194] WESTWOOD R, CHAN A, LINSTEAD S. Theorizing Chinese employment relations comparatively: Exchange, reciprocity and the moral economy [J]. Asia Pacific Journal of Management, 2004 (21): 365-389.

[195] WHITING S W, PODSAKOFF P M, PIERCE J R. Effects of task performance, helping, voice, and organizational loyalty on performance appraisal ratings [J]. Journal of Applied Psychology, 2008, 93 (1): 125-139.

[196] WILKINSON A, DUNDON T, MARCHINGTON M, et al. Changing patterns of employee voice: Case studies from the UK and Republic of Ireland [J]. Journal of Industrial Relations, 2004 (46): 298-322.

[197] WILKINSON A, FAY C. New times for employee voice? [J]. Human Resource Management, 2011, 50 (1): 65-74.

[198] WILKINSON A, GOLLAN P, MARCHINGTON M, et al. The oxford handbook of participation in organizations [M]. Oxford: Oxford University Press, 2010.

[199] WILLMAN P, BRYSON A, GOMEZ R. The sound of silence: Which employers choose "no voice" and why? [J]. Socio-Economic Review, 2006 (4): 283-299.

[200] WITHEY M J, COOPER W H. Predicting exit, voice, loyalty, and neglect [J]. Administrative Science Quarterly, 1989 (34): 521-539.

[201] WONG Y-T, NGO H-Y, WONG C-S. Perceived organizational justice, trust, and OCB: A study of Chinese workers in joint ventures and state-owned enterprises [J]. Journal of World Business, 2006, 41 (4): 344-355.

[202] WOOD S J, WALL T D. Work enrichment and employee voice in human resource management performance studies [J]. International Journal of Human Resource Management, 2007, 18 (7): 1335-1372.

[203] XU X, ARON A, BROWN L, et al. Reward and motivation systems: A brain mapping study of early-stage intense romantic love in Chinese participants [J]. Human Brain Mapping, 2011, 32 (2): 249-257.

[204] YANG KUO - SHU. Chinese social orientation: An integrative analysis [C] // L Y CHENG, F M C CHEUNG, CHAR-NIE CHEN (eds.), Psychotherapy for the Chinese: Selected Papers from the First International Conference: 19-56. Hong Kong: Chinese University of Hong Kong, 1993.

[205] YANG K S. Methodological and theoretical issues on psychological traditionality and modernity research in an Asian society: In response to Kwang-Kuo Hwang and beyond [J]. Asian Journal of Social Psychology, 2003 (6): 263-285.

[206] YANG K S, YU A B, YEH M H. Chinese individual modernity and traditionality: Construction definition and measurement [C]. Proceedings of the Interdisciplinary Conference on Chinese Psychology and Behavior, 1989: 287-354.

[207] ZHANG H, AGARWAL N C. The mediating roles of organizational justice on the relationships between HR practices and workplace outcomes: An investigation in China [J]. The International Journal of Human Resource Management, 2009, 20 (3): 676-693.

[208] ZHANG H, ZHOU X, WANG Y, et al. Work-to-family enrichment and voice behavior in China: The role of modernity [J]. Frontiers of Business Research in China, 2011, 5 (2): 199-218.

[209] ZHOU J, GEORGE J M. When Job Dissatisfaction Leads to Creativity: Encouraging the Expression of Voice [J]. The Academy of Management Journal, 2001, 44 (4): 682-696.

[210] ZHANG J, ZHENG W. How does satisfaction translate into perform-

ance? An examination of commitment and cultural values [J]. Human Resource Development Quarterly, 2009, 20 (3): 331-351.

[211] ZHANG X G, ZHENG X, WANG L. Comparative research on individual modernity of adolescents between town and countryside in China [J]. Asian Journal of Social Psychology, 2003, 6 (1): 61-73.

[212] 程德华. 不同卷入度人群的组织公平结构 [J]. 心理科学, 2009, 32 (4): 1000-1002.

[213] 陈松, 方学梅, 刘永芳. 组织公正感对组织承诺的影响 [J]. 心理科学, 2010, 33 (2): 376-379.

[214] 陈晓萍, 徐淑英, 樊景立. 组织与管理研究的实证方法 [M]. 北京: 北京大学出版社, 2008: 6.

[215] 邓今朝. 团队成员目标取向与建言行为的关系: 一个跨层分析 [J]. 南开管理评论, 2010, 13 (5): 12-21.

[216] 段锦云, 陈红, 孙维维, 等. 沉默: 组织改变和发展的阻力 [J]. 人类工效学, 2007, 13 (2): 69-71.

[217] 段锦云, 凌斌. 中国背景下员工建言行为结构及中庸思维对其的影响 [J]. 心理学报, 2011, 43 (10): 1185-1197.

[218] 段锦云, 王重鸣, 钟建安. 大五和组织公平感对进谏行为的影响研究 [J]. 心理科学, 2007, 30 (1): 19-22.

[219] 段锦云, 张倩. 建言行为的认知影响因素、理论基础及发生机制 [J]. 心理科学进展, 2012, 20 (1): 115-126.

[220] 段锦云. 中国背景下建言行为研究: 结构、形成机制及影响 [J]. 心理科学进展, 2011, 19 (2): 185-192.

[221] 段锦云, 钟建安. 组织中的进谏行为 [J]. 心理科学, 2005, 28 (1): 69-71.

[222] 段锦云, 钟建安. 组织中员工的角色外行为 [J]. 人类工效学, 2004, 10 (4): 69-71.

[223] 费孝通. 乡土中国 [M]. 上海: 上海三联书店, 1985: 21.

[224] 傅强, 段锦云, 田晓明. 员工建言行为的情绪机制 [J]. 心理

科学进展，2012，20（2）：274-282.

［225］郭晓薇．企业员工组织公民行为影响因素的研究［D］．上海：华东师范大学，2004.

［226］何轩，陈文婷．家族企业家族雇员不公平问题探讨［J］．外国经济与管理，2008，30（7）：45-51.

［227］何轩．为何员工知而不言：员工沉默行为的本土化实证研究［J］．南开管理评论，2010，13（3）：45-52.

［228］黄光国．儒家关系主义：哲学反思、理论建构与实证研究［M］．台北：心理出版社，2009：4.

［229］柯丽菲，黄远仪，姚建明．服务性企业员工组织公民行为与组织承诺、组织公平感关系实证研究［J］．软科学，2007，21（5）.

［230］梁建，唐京．员工合理化建议的多层次分析：来自本土连锁超市的证据［J］．南开管理评论，2009，12（3）：125-134.

［231］梁建，王重鸣．中国背景下的人际关系及其对组织绩效的影响［J］．心理学动态，2001，9（2）：34.

［232］李恒．组织公平：网络组织的治理结构与组织效率［J］．软科学，2008，22（10）.

［233］李娜，刘勇．组织水平上的领导—员工交换（LMX）研究：LMX 与组织公平［J］．社会心理科学，2010（8）.

［234］李锐，凌文辁，方俐洛．上司支持感知对下属建言行为的影响及其作用机制［J］．中国软科学，2010（4）：106-115.

［235］李锐，凌文辁，柳士顺．上司不当督导对下属建言行为的影响及其作用机制［J］．心理学报，2009，41（12）：1189-1202.

［236］李淑敏，李旭培，时勘．组织公平对工作满意度的影响：组织认同的调节作用［J］．人类工效学，2010，16（3）.

［237］刘萃侠．马洛—克罗恩社会赞许性量表对中国被试适用性之初步验证［J］．社会学研究，2001（2）：49-57.

［238］刘衡，李西垚．研发团队公平感、领导方式对创新的影响研究［J］．科研管理，2010（31）：24-31.

[239] 刘惠琴，张德．团队层面的高校学科团队创新绩效模型研究[J]．科学学研究，2006，3（24）：421-427.

[240] 刘彧彧，黄小科，丁国林，等．基于上下级关系的沟通开放性对组织承诺的影响研究[J]．管理学报，2011，8（3）.

[241] 卢纹岱．SPSS 统计分析[M]．北京：电子工业出版社，2010：4.

[242] 马力，曲庆．可能的阴暗面：领导—成员交换和关系对组织公平的影响[J]．管理世界，2007（11）.

[243] 梁巧转，马宪文，黄英博，等．上司领导风格对员工分配公平感与组织公民行为的调节作用研究[J]．管理工程学报，2007，21（3）：9-13.

[244] 佟丽君，吕娜．组织公正、心理授权与员工进谏行为的关系研究[J]．心理科学，2009，32（5）：1067-1069.

[245] 王二博．企业员工进谏行为及其影响因素研究[D]．开封：河南大学，2007.

[246] 王弘钰．劳务派遣工的组织公平、组织认同与工作绩效关系研究[D]．长春：吉林大学，2010.

[247] 王文．组织内社会交换对工作产出作用机制的实证研究[D]．上海：复旦大学，2011.

[248] 王叶飞，蔡太生，邓黎．情绪智力、组织公平感与工作满意度关系的研究[J]．中国临床心理学杂志，2010，18（2）.

[249] 温忠麟，侯泰杰，张雷．调节效应与中介效应的比较和应用[J]．心理学报，2005，37（2）：268-274.

[250] 吴隆增，曹昆鹏，陈苑仪，等．变革型领导行为对员工建言行为的影响研究[J]．管理学报，2011，8（1）：61-66.

[251] 吴明隆．结构方程模型：AMOS 的操作与应用[M]．重庆：重庆大学出版社，2009：7.

[252] 吴隆增，刘军，刘刚．辱虐管理与员工表现：传统性与信任的作用[J]．心理学报，2009，41（6）：510-518.

[253] 武志伟，陈莹．企业间关系公平性维度测量的实证研究［J］．软科学，2011，25（1）：110-114.

[254] 徐碧祥．员工信任对其知识整合与共享意愿的作用机制研究［D］．杭州：浙江大学，2007.

[255] 薛薇．SPSS 统计分析方法及应用（第二版）［M］．北京：电子工业出版社，2009.

[256] 杨国枢，黄光国，杨中芳．华人本土心理学［M］．重庆：重庆大学出版社，2008：6.

[257] 杨国枢．中国人的社会取向：社会互动的观点［M］//杨国枢，余安邦．中国人的心理与行为：理念与方法篇．台北：桂冠图书公司，1992：87-142.

[258] 杨艳秋．发挥组织公平有效机制提高员工在绩效评价中的公平感［J］．工业技术经济，2007，26（6）：15.

[259] 严效新，李成江，赵永乐．企业员工组织公平与组织公民行为关系的实证研究［J］．现代管理科学，2009.

[260] 严效新，沈进．民企员工组织公平与组织公民行为关系研究［J］．中国商贸，2009（9）．

[261] 俞彬彬，钟建安．情绪智力、组织公平和组织公民行为的研究［J］．心理科学，2008，31（2）：475-478.

[262] 翟学伟．人情、面子与权力的再生产［M］．北京：北京大学出版社，2005：1.

[263] 张燕，刘三锁，章振．人力资源培训发展措施与员工组织承诺：组织公平的作用［J］．经济科学，2011（3）．

[264] 赵维良．公务员工作满意度与组织公平感关系研究［J］．领导科学，2010，442（29）：18-20.

[265] 郑晓涛，柯江林，石金涛，等．中国背景下员工沉默的测量以及信任对其的影响［J］．心理学报，2008，40（2）：219-227.

[266] 周浩，龙立荣．变革性领导对下属进谏行为的影响［J］．心理学报，2012，44（3）：388-399.

［267］周明建，宝贡敏．主管承诺理论研究述评［J］．心理科学进展，2005，13（3）：356-365.

［268］周明建．组织、主管支持，员工情感承诺与工作产出：基于员工“利益交换观”与“利益共同体观”的比较研究［D］．杭州：浙江大学，2005.

［269］周冉，段锦云，田晓明．情境相关性及其对“特质—工作结果”的调节作用［J］．心理科学进展，2011，19（1）：132-141.

附　录

附录 1　访谈提纲

您好！我是中国大连高级经理学院的科研人员，正在写一部关于“组织公平、员工建言与工作产出的关系研究”的专著，有一些与研究相关的问题想与您交流，感谢您在百忙之中为我的研究提供帮助！

1. 您来公司工作多长时间了？

2. 您在现有的岗位上工作多久了？具体从事的工作是什么？

3. 在日常的工作中，您会表达自己的建议和想法吗？通常这种行为都发生在什么情况下？您的想法通常向谁表达？得到采纳了吗？

4. 您认为组织是否提供了公平的薪酬？在制定规章制度时程序是否公平？

5. 您觉得您的直接主管对待您的方式是公平的吗？他尊重并了解您的想法吗？

6. 您觉得对组织公平的感知是否会影响您对工作或提高组织效率的有益建言？具体是怎么影响的？

7. 您是否感到了公平影响到了您的工作效率和情绪？影响程度如何？

8. 您觉得您对建言机会的感知及提出的建议能否影响您的工作效率或情绪？

9. 您是个传统价值观较强的人吗？如是否认为在发生问题时应该咨询权威的、有资历的员工？

10. 您认为您的传统观念是否影响到了您的组织公平感知、建言行为及工作状态？是如何影响的？

附录 2　调查问卷

您好！欢迎参加“组织公平、员工建言与工作产出”的调查工作！此次调查完全用于学术研究，不涉及任何您的个人信息和企业信息。希望您抽出一点时间积极配合我们的调查工作，谢谢您的参与。

说明：本次调查采用匿名方式，我们将对您的信息严格保密，您可以放心作答。

一、基本信息（请在题前括号内写出相应的答案编号，如选择“其他”请写出具体答案）

(　　) 1. 您的性别：（1）男　　（2）女

(　　) 2. 您的年龄段：（1）20 岁及以下　（2）21~25 岁

（3）26~30 岁　（4）31~35 岁

（5）36~40 岁　（6）41~45 岁

（7）46~50 岁　（8）50 岁以上

(　　) 3. 您正在攻读或已获得的最高学位：

（1）初中及以下　（2）高中　（3）大专

（4）大学本科　（5）硕士及以上

(　　) 4. 您目前从事的行业：（1）服务行业　（2）制造行业

（3）其他________

(　　) 5. 您所在企业的性质：

（1）国企或事业单位　（2）民营企业　（3）外企

（4）其他________

(　　) 6. 您目前所在企业的规模：

(1) 100 人以下　　(2) 100~500 人

(3) 501~1000 人　(4) 1000 人以上

(　　) 7. 您的工作年限：

(1) 1 年以下　(2) 1~2 年　　(3) 2~3 年

(4) 3~5 年　　(5) 5~10 年　　(6) 10 年以上

(　　) 8. 您在工作单位中的职位：

(1) 一线生产/销售人员　　(2) 基层行政人员

(3) 中层管理者　(4) 高层管理者　(5) 其他________

二、组织公平感知（请在题前括号内写出能表达您意思的数字，从低到高 5 个选项）

很不同意	不太同意	一般	比较同意	很同意
1	2	3	4	5

(　　) 9. 分配给我的工作日程或安排是公平的。

(　　) 10. 我认为我的收入水平是公平的。

(　　) 11. 我认为分配给我的工作量是公平的。

(　　) 12. 我觉得分配给我的工作职责是公平的。

(　　) 13. 组织是在一种无偏见的状态下进行工作决策的。

(　　) 14. 组织在决策前会收集充分的、正确的信息。

(　　) 15. 当下级提出申请时，上级会阐明一些关于决策的补充信息。

(　　) 16. 组织做出的决策对于所有员工都是适用的。

(　　) 17. 上级主管会善意地对待我。

(　　) 18. 上级主管会尊重我，考虑我的尊严。

(　　) 19. 上级主管会考虑我的个人需求。

(　　) 20. 上级主管会以符合实际的方式开展工作。

(　　) 21. 上级主管与我商谈其内涵。

(　　) 22. 上级主管会公正地评价我的工作。

三、员工建言（请在题前括号内写出能表达您意思的数字，从低到高5个选项）

很不符合	不太符合	一般	比较符合	很符合
1	2	3	4	5

（　　）23. 当单位内的工作出问题时，我敢于指出，不怕得罪人。

（　　）24. 对可能会造成单位损失的严重问题，我实话实说，即使其他人有不同意见。

（　　）25. 我敢于指出单位中那些过时的、有碍效率的规章制度。

（　　）26. 我积极向单位领导反映工作中出现的不协调问题。

（　　）27. 我敢于对单位中影响效率的现象发表意见。

（　　）28. 我及时劝阻单位内其他员工影响工作效率的不良行为。

（　　）29. 我积极地提出了会使单位受益的新方案。

（　　）30. 我就改善单位工作程序积极地提出了建议。

（　　）31. 我主动提出帮助单位达成目标的合理化建议。

（　　）32. 我提出了可以改善单位运作的建设性意见。

（　　）33. 就单位中可能出现的问题，我会思考并提出自己的建议。

（　　）34. 我通过组织提供的渠道提出我的建议。

（1）基本不会　（2）很少　（3）一般　（4）经常　（5）总是

（　　）35. 我通过与上级主管的交流反映我的建议。

（1）基本不会　（2）很少　（3）一般　（4）经常　（5）总是

（　　）36. 您提出的建议多大程度上得到了组织或管理者的实际采纳？

（1）基本不会　（2）很少　（3）一般　（4）经常　（5）总是

（　　）37. 在工作中您在多大程度上感受到了发表建议的机会？

（1）基本不会　（2）很少　（3）一般　（4）经常　（5）总是

四、员工态度与反应（请在题前括号内写出能表达您意思的数字，从低到高5个选项）

很不同意	不太同意	一般	比较同意	很同意
1	2	3	4	5

（　　）38. 我很乐意在这个组织中度过我余下的职业生涯。

（　　）39. 我真的感觉组织的问题就跟我自己的问题一样。

（　　）40. 我不觉得对我的组织有强烈的归属感。

（　　）41. 我不觉得眷恋这个组织。

（　　）42. 在组织内我没有感受到是大家庭的一分子。

（　　）43. 这个组织对我个人具有重要意义。

（　　）44. 我完全相信我的上级主管是正直的。

（　　）45. 我的上级主管会试图通过欺骗员工而谋取私利。

（　　）46. 我对我的上级主管具有强烈的忠诚度。

（　　）47. 几乎在任何紧急的情况下我都会支持我的上级主管。

五、其他（请在题前括号内写出能表达您意思的数字，从低到高5个选项）

很不同意/满意	不太同意/满意	一般	比较同意/满意	很同意/满意
1	2	3	4	5

（　　）48. 总体而言，我对目前的工作感觉。

（　　）49. 总体而言，我喜欢在现在的单位工作。

（　　）50. 总体而言，我喜欢与我的上级主管共事。

（　　）51. 我经常考虑辞去现在的工作。

（　　）52. 我可能会在未来一年内找一份新工作。

（　　）53. 我打算开始向朋友或他人打听其他的工作机会。

（　　）54. 我对目前的薪酬水平感觉。

（　　）55. 我对最近的一次加薪感觉。

（　　）56. 我对公司的年度奖金感觉。

(　　) 57. 我对自己薪酬的整体水平感觉。

(　　) 58. 当人们发生争论时，他们应该请最有资历的前辈来判断对错。

(　　) 59. 孩子应该尊重那些他们父母所尊重的人。

(　　) 60. 避免错误最好的方法就是遵从有资历的前辈的指示。

(　　) 61. 在结婚前，女性应当服从父亲；结婚后，应当服从丈夫。

(　　) 62. 国家领导人就像一家之主一样，公民应当服从他在所有国家问题上的决定。

请根据您的真实情况在下列各题中做出选择（“会”与“不会”两个选项）。

(　　) 63. 有时候我会讲几句别人的闲话。

(　　) 64. 偶尔我也会随地丢纸屑。

(　　) 65. 有时我会假装生病，推掉我不想做的事情。

(　　) 66. 有时我会忘记做已经承诺别人的事情。

(　　) 67. 有时我会控制不住自己而向别人发火。

(　　) 68. 偶尔我会将自己不喜欢做的事情推给别人做。

(　　) 69. 当听不懂别人讲话时，我有时会点头假装听懂。

(　　) 70. 偶尔我也会迟到。

(　　) 71. 当售货员多找钱给我，我有时会不出声地收下。

(　　) 72. 在街上看到别人吵架，我有时会驻足观看一阵。

再次感谢您的作答，如有相关问题，请与发布者联系。

邮箱：yumi0702@ gmail. com

在线填写网址：http：//www. sojump. com/jq/1059982. aspx